羅伯・哈契 Rob Hatch 著 ｜ 陳冠吟 譯

零干擾

善用簡單決策的力量，找回時間與注意力

ATTENTION!

THE POWER OF SIMPLE DECISIONS IN A DISTRACTED WORLD

遠流

獻給梅根，你是我生活的動力，
謝謝你給的時間和空間，讓本書得以付梓。

獻給母親，你帶給我善良和力量，
感謝你像平台一樣，讓我能站上去，看到全世界。

PART 3 服務的系統

前言

你像行銷人士那樣重視自己的時間與注意力嗎？

眾所皆知，幾百年來，行銷人士非常積極地吸引我們的注意力。在日益競爭的市場下，他們吸引我們注意力的能力已大到超出我們許多人的想像。

東尼．法戴爾（Tony Fedell）是 Nest 創辦人，也是製造第一代 iPhone 的團隊成員之一，他承認對自己的產品無意中造成的一些後果感到後悔。他說：「我常一身冷汗驚醒，想著我們帶給這個世界什麼影響？我們創造出來的東西是否像核彈般，使世界資訊爆炸並對人們洗腦，就像假新聞那樣？或者我們為那些資訊不足的人帶來一絲光亮，能夠賦予他們權力[1]？

當然，兩者皆是。iPhone 帶來重大的轉型，這無庸置疑。透過這項科技使所有人能夠獲取資訊與知識，這是對人民的賦權，並實現了民主化。

不過，如果你跟一家四口的家庭相處一個晚上，會發現家長對於如何對抗科技對小孩造成的影響非常困擾，他們不知該如何設下界線。家長與小孩各有各的看法，而這樣的爭執會損害家庭關係。但諷刺的是，連家長自己都還沒弄懂科技的影響，他們也常常在討論重要的事情時，分心去滑自己的手機。

我們沒有為此做好準備。**我們沒有意識到這些強大的科技是如何在轉瞬間就吸走我們的注意力，還有更重要的，它花去我們的時間。**

但這並不全是科技的問題

我要先說清楚，我喜歡科技，也喜歡我的 iPhone。我用 Mac 或 MacBook 來完成這本書的一大部分，有時候甚至是用 iPhone 寫作。我也會用 Google 文件跟其他應用程式。

我的小孩國中才開始用手機，這是我們家的規定。沒錯，我與妻子花了許多時間討論要怎麼樣才能恰當地跟小孩談到應該在什麼時間、如何使用手機。我個人認為，雖然 iPhone 有其缺點，讓法戴爾先生煩惱得晚上睡不著覺，但因為他，這個世界出現了極大的轉變，我對這點相當感激。

讓人分心的東西到處都是，這只是其中一個。本書並不是在告訴你要禁用科技，這取決於你自己，而這就是重點。**我們收到的資訊與雜訊多得讓人吃不消，但我們能夠選擇要讓什麼樣的資訊進來，以及我們又要如何反應。**

我覺得我們常忽略這一點，我們歡迎源源不絕的資訊進到腦海中，不只這樣，我們還主動去尋找資訊。因為我們去尋找，因此喪失了其中的空間。我相信，我們有能力拿回我們所失去的，我相信我們有能力選擇要把注意力放在哪裡、為了什麼目的以及對象是誰。

有一句名言，常被誤認是心理學家和集中營倖存者維克多・弗蘭克（Victor Frankl）所說的：「**在刺激與反應之間有一個空間，我們選擇要如何反應的權力就在這個空間裡，我們的反應展現出我們的成長與自由**[2]。」我們有選擇的自由，或許就是財富與權力的最高境界。

當我們能夠有意識地把注意力放在對自己重要的事物上，就能改變人生。我們能夠影響自己職涯的發展、建立事業、建立連結、加深與親友之間的情誼。

在這個焦慮與壓力漸增的時代及文化下，能夠選擇，讓我們有了喘口氣的空間。有意識地選擇我們要把注意力放在什麼東西上面，就是替真正重要的事物創造出空間。**這就是簡單決策的力量（the power of simple decisions）開始的地方。它存在於我們所見與所為兩者之間的狹窄空間。**我們越能看到這個空間，不管空間有多小，我們就越能拓展這個空間，重新找回我們的注意力，並過著有意義的生活。

PART 1

事情的狀態

1 問題：讓人分心的花花世界

早上五點半，鬧鐘響了。當然，這不是真的鐘，是手機裡你精心挑選、設定的鈴聲。

你可能按了貪睡按鈕，不過更有可能的是，你會把鬧鐘按掉，立刻解鎖手機，滑個幾下，但其實也不確定要看什麼。可能是你睡前想知道的球賽結果，可能你沒有特別要找什麼，就只是滑一下。

你打開ＩＧ或臉書，看看上面有什麼，滑了幾則貼文之後，點開電子信箱，因為你想到要等一封客戶傳來的郵件。在你瀏覽信箱的時候，別的東西又抓住了你的注意力。你的老闆寄了一封信，詢問你的簡報進度到哪裡了。這個很好回答，所以你在床上坐起身，戴上眼鏡，想要快點回覆。

你回到信箱，回想你一開始在找的是什麼，結果發現老闆幾乎秒回。你發現她這麼早就已經開始工作，心裡有一絲內疚。不過，她也很有可能是在床上回覆郵件，我們大家都是這樣。

你看了她的回信，她問你是否今天能見個面。你快速看了一下行事曆，發現自己有空。但你在檢查行事曆的時候，發現自己差點忘了，晚一點有跟客戶約好通電話。

你再點回郵件，找到上一次跟客戶往來的郵件，查看跟客戶通電話的內容是要講什麼。突然，你想到你忘了回老闆會面的時間，覺得有點慌張。你快速回她，說你有空，這才想到你原本點開電子郵件，是要找別的東西。

最後，你找到原本想找的東西，快速瀏覽了一下。你其實可以不用回信，但還是決定回一句「謝謝你的來信，我看一下，晚點再回你。」

你的鬧鐘在五點半作響，到現在你已經醒了七分鐘。

你回到老闆的郵件，確認會面時間，把它記在行事曆裡。做好之後，你發出了事情辦完的感嘆聲，便再回去滑臉書。畢竟，你得從工作中喘一口氣。你滑了幾分鐘，有個朋友分享了一篇文章，看起來很有趣，你就點開來看。讀到一半，你注意到現在的時間，已經有點要遲到了。

你快快沖了澡，去找那條你想穿的褲子，邊思考你最喜歡的鞋子在哪。你最後決定穿另一套完全不一樣的衣服，留下一團亂的衣櫃，抽屜還沒關上。你想晚點再整理，才發現自己進度又落後了，你邊煮咖啡，邊看看有什麼能快速解決的早餐，然後把狗放出來，餵牠吃東西。匆忙之中，你對這一天的開始覺得焦慮，決定再看一下手機，看看還有什麼需要提前準備的。

我現在應該說得夠多了吧？大家應該都很懂，因為幾乎每天，每個上班族家中都會發生類似的情境。

接下來，我會透過一系列仔細的分析，去探討日常生活中有哪些力量成了讓我們分心的噪音，讓我們無法過上期望的生活。有些噪音是外在的，但通常最大聲的噪音來自內在。我們一步步將找到一些機會，能夠借力使力，把這些力量用於達成自己的目標。我們將**運用簡單決策的力量，重新找回刺激與反應之間的空間，把注意力放在最重要的事上**。

在每一章的結尾，我會提出一些問題讓你思考。我希望這些想法能幫助你辨認出這些挑戰，並發展出一些方法，讓你能運用到生活中，來處理這些挑戰。

小紅點反應：刺激

我的事業夥伴克里斯・布羅根（Chris Brogan）說電子郵件是傳送工作事項的最棒方法。但其實不只電子郵件，這還包括我們在電腦、平板、手機上收到的每一則通知。

裝置的各種叮噹作響、震動、跳出來的通知橫幅，讓我們好像被加了緊箍咒，各種軟體被預設成有新事件時會通知我們。在工作上，我們認知到自己必須時時回覆、隨時有空，因此我們就允許這些源源不斷的干擾來分散我們的注意力。

而這已經到了什麼程度呢？就算沒有事發生，我們還是會不斷檢查螢幕，看看是否多了表示有新通知的「小紅點」，告訴我們世界上的某個人又做了某件事情。我們的小紅點反應，讓我們時刻都活在提醒當中。我們的反應如此迅速、如此出自直覺，在刺激與反應之間幾乎沒有空間。

如果你在一間熱鬧的餐廳，附近座位的某個人收到一則訊息，聽到通知聲的其他人也會拿起手機，看看是否是自已收到訊息。我就有好幾次這樣的經驗，儘管我知道那個通知聲跟我手機的聲音不一樣。其中的諷刺之處，就在於我們之所以如此汲汲營營，是因為我們真心想找出空間。我們每天追在空間後頭，但空間從未具體出現。

我們接受預設的設定，允許所有認識的人無時無刻打斷我們。我們不允許自己有空，來定義我們想要的生活是什麼樣子。我們不去選擇我們想要以什麼樣的方式接收訊息，或者我們想要收到什麼樣的通知、應該把什麼樣的訊息過濾掉。**我們沒意識到自己有能力把時間與注意力花在重要的事物上。**

我們當然會把這些都怪到科技頭上，科技確實有部分責任，但就算我們需要科技，我們還是能找到做選擇的空間。而且，我們或許能運用科技來為我們服務。

錯誤的選擇

我們每天遇到的選擇無窮無盡。行銷人士提供許多選擇，讓我們誤以為我們握有掌控權。他們讓我們覺得，這些選擇能夠讓我們創造出自己的故事。我們選擇的品牌，就是對外表示自己是哪一種人。然而，這並不是出自我們有意識的選擇，這些選擇讓我們誤以為自己有主控權。

僅僅是選擇的數量，像是在超市裡挑選咖啡、義大利麵醬，都讓人精神疲憊。選擇數量眾多的諷刺之處可分為兩個層面。第一，我們因為有如此多的選擇而感到麻痺，乾脆不選擇。第二，這更為常見，因為選項太多，所以我們選最快、最方便的，而非經過仔細思考選出最合適的。

簡單來說，太多選項會讓我們做出失敗的選擇。這不僅僅是因為我們容易做出不好的選擇，也不能怪想利用我們時間有限的行銷人員，雖然說這兩點都是確實為真。但這更是因為**我們在面臨決策之前，沒有先定義什麼對我們來說是一個好的選擇。**

沒錯，我們明白買東西是定義自我意識的一種方式，譬如說，我們假定自己是會穿著某一種品牌的人。但若遇到特價鞋款的誘惑，或者想到信用卡還有餘額時，我們會傾向於花錢，而不是省錢。

我並不是在對猖獗的物質主義發出怒吼，我也很喜歡新鞋子，而是想做一個翻轉這個過程的呼籲。**這項呼籲，是希望你能定義自己與自我價值。呼籲你朝著自己最想要的生活前進，做出與你的理想與價值觀相符的決定。**

時間與金錢

我們常做出與自身利益衝突的決定。我們說自己沒有時間，但卻非常樂意一口氣看完整季的影集。我們消費的習慣也總是與長期目標相悖，而僅滿足短期目標。七八％的美國人幾乎沒有存款，每個月當月光族，身上背負著大筆欠債，也沒有能力應對緊急狀況[3]。這些現象就是緊張和焦慮的來源，我們卻不斷做出讓這樣的循環一直存在的決定。我們因為買了更好、更棒的車子、船、房子或手機，欠下更多債。

我最近跟兩個人談論過一樣的話題。一個是我十六歲的兒子，另一位是名成功的CEO。這兩個人都不知道手機升等的過程，當電信公司告訴你，你「有資格升等」，其實是告訴你，你有資格申請一筆一千美元的貸款，他們會將這筆費用拆成為期兩年、每個月五十美元的分期付款，你就可以擁有最新的手機。

這就是當我們的選擇與目標不一致的時候，會發生的事。這就是我們拿買的東西來定義自己，會發生的事。最重要的是，這就是你分心的代價，而這就是你的注意力該關注的事。

當電信公司給你便利的方案時，你或許應該先深呼吸、找到空間，再做決定會比較好。為了不讓你誤會我只是反對消費主義，我最近也決定升級我的手機。雖然電信公司讓這個決定變得很簡單，我深吸一口氣，再確認了一次。

那些阻擋我們的東西

對許多人來說，生活中充滿各種需求與混亂，讓我們騰不出一點餘地認為自己有掌控權。我們的生活不像以往擁有某種規律，這可能是我們之所以「渴求昨日」的原因（保羅．麥卡尼（Paul McCartney）唱出大家的心聲）。

有時候，生活中好像有種能夠依靠的節奏，讓我們知道接下來會發生什麼事，陪伴我們度過每一天。但就跟所有事情一樣，這種節奏也會走鐘。節奏可能並沒有變化，但因為出現一百種其他樂器的聲音，清晰的節奏就被嘈雜干擾聲淹沒了。

不過節奏還是存在，有時我們會知道事情進行得很順利，這原因有很多，有時可能完全是偶然的，因為環境正好天時地利人和。儘管我們意識到環境的影響，但去找出導致我們成功的線索，以及我們在設定節奏時扮演的角色，是很重要的。

私人生活與工作已變得密不可分。不斷的連結，讓我們很難找到空間，能夠靜悄悄地從一件事情轉移到下一件事。界線已變得模糊不清，我們生活中的每一個層面都好像有所不足，也沒辦法掌握接下來要做什麼。

我認為我們每天接受到的訊息量會使生命變短，就像是一種慢性死亡。我們每一篇點開的文章或者為了有趣而看的內容，正侵蝕掉我們寶貴的時間，但我們卻一無所獲。想一想你過去六個月花在閱讀各種媒體評論所花的時間。一天一小時嗎？或者一天兩小時？或者更多？

我並不是說看喜歡的節目，或者朋友在社群媒體上分享的文章不好，如果你本來就決定這麼做的話，那沒話說。但我們常常並不是在做選擇，我們只是在做出反應並為自己找理由。

法蘭柯的故事

幾年前，有個叫法蘭柯的客戶來找我。從各方面來看，法蘭柯都是名出色的業務。他為家人提供高品質的生活，在公司裡也多次被表揚為頂尖業務。從表面上來看，他的生活似乎很美滿。

但法蘭柯充滿懷疑、焦慮跟挫折。當時，他患有拖延症。他非常聰明也很有魅力，你馬上就能察覺得到他是個可信賴的人，很容易就能把業務交付給他。法蘭柯也喜歡閱讀，許多成功人士都有這樣的特質。他讀遍各種頂尖業務、銷售大師的書與部落格文章，總是在找新的想法或祕訣。

我們開始合作時，我很快就受到他的魅力感染，我也承認我被他外顯的成功表象所迷惑。我們一開始的對話很熱烈，他向我提出源源不絕的問題，想知道我對於他剛讀到的建議有什麼看法。

但隨著我們談得越多，我發現他這種一直想要追求最新點子的行為，是阻礙他前進的一大原因。他的表現不一致，每天、每週的產能有高有低。但是這種聰明又有魅力、總是忙得團團轉的人，好像最後都能夠把事情順利解決。當然，事情總是有解決不了的時候。最後，這種大起大落的循環，讓他無力負荷，特別是他的業務績效會影響他的收入，如此起起伏伏的業績會讓人焦慮。

法蘭柯面臨的其中一項挑戰，就是他的好奇心沒有特定目的，或者沒有根據。他說服自己，閱讀就等於是在工作。他想找出跟銷售、行銷有關的所有祕訣與技巧，就好像在做研究，但他的研究並沒有持續拿出來運用，也沒有方法能去評估他運用的結果。

他又習慣拖拖拉拉，因此他只是想找到能夠快速解決的辦法。最麻煩的是，他根本不相信自己，他從來沒有花時間接納自己的個人特質。他期待自己能夠把事情做好，但從未找到能持續發揮自己技能的方法。

我們某一次談話時，我告訴他，不要再讀任何東西了。我知道這個建議聽起來很奇怪，但在他的例子當中，閱讀是逃避執行的藉口。他認為閱讀是學習或做研究，他覺得自己正在朝一萬小時努力。但他實際在做的事，就是讀了那些努力過的人的故事而已。

麥爾坎．葛拉威爾（Malcolm Gladwell）[4]所提出的一萬小時的理論，並不只是看數字，也不是透過閱讀得到知識，而是要去刻意練習某種技巧，才能達到出師的境界。而且除了練習技巧外，將所學的融會貫通、付諸實踐，也一樣重要。

法蘭柯不斷追求知識，影響到的不只是他的工作表現。他不斷讓自己分心，使得他無法跟家庭互動、享受人生。當然，光靠停止閱讀沒辦法解決問題，這與禁用數位科技是一樣的道理。但我還是必須限制他不斷吸收資訊，不過這只是暫時的做法，接下來的才是重點。

我問了法蘭柯一個問題：「我如果跟你合作，那會是什麼樣子？」特別是，「**如果事情一切順利的話，那會是什麼樣子？**」這就是他的節奏。

在法蘭柯的例子中，我請他寫下他拿到大客戶的銷售過程。我希望他寫出，如果他照著哪些步驟一步步走，八九不離十就能成交。但有趣的是，他從來沒有想過自己會有一套可以重複施行的銷售方法。

另一個問題，也是我常問的：「**接下來會發生什麼事？**」當他開始描述每一個步驟，他必須問自己「接下來會發生什麼事？」

我們一起檢視和優化他的過程。我們把一些步驟整合，提高效率。他的功課，就是專注、持續執行他的方法，不要再向外尋找新方法或技巧，（至少這陣子）不要再閱讀了。

幾個月之後，法蘭柯開始因為他的表現，得到獎金跟分紅，他的主管注意到他的改變。公司的同事，不管是新手或者老鳥業務員，都紛紛向他尋求建議，依照他的方法操作。他受邀到公司的國際會議上演講，最後，他創立了一個新事業，專門指導業務員用他的方法銷售。

他的好奇心無窮無盡，我不可能永遠阻止他不去閱讀，或者挖掘更多銷售與行銷的知識。但差別在於，他現在是有目的的在找資料。**他了解他的任務、他的價值，他有了有中心思想，也掌握了他的方法**，並能將新概念納進他的方法中。

建立自我認同，以及了解我們成功的原因，會比去找新技巧來填補我們的失敗更有力量。

小紅點反應：注意力漩渦

雖然不能只怪科技，但我們到目前還沒有遇到像小紅點如此威力強大、這麼吸引人注意的現象。軟體公司運用無數心理技巧，激發出我們的注意力，並讓我們黏著，他們會這樣做的理由很充分。你的注意力及花在這些應用程式上的時間，對這些公司來說就是利潤。這就回到了我們一開始的問題，**如果這些公司認為你的注意力是有價值的，你有像它們一樣如此重視自己的注意力嗎？**

當然，在應用程式出現之前，是電視與報紙吸走了我們的注意力。約瑟夫・普立茲（Joseph Pulitzer）是善於運用頭條的高手，他多年前就了解「誘餌式標題」

的概念。現代傳遞訊息的方法複雜得多，我們取得、消化資訊的速度，使得情況整個改變。

我們一收到通知，就拿起手機，看看有誰按我們讚或留言給我們。就算我們原本在忙的是完全不同的事，只要一點開應用程式，就都會被吸進注意力漩渦中，停留一段時間。甚至當我在寫書的時候也是一樣。

我們都經歷過一樣的事。我們甚至也不確定一開始為什麼會點開應用程式，但我們就只是滑啊滑、點啊點。每一個點擊，都把我們帶到更深的地方去。我們讀的每一個內容，都花去我們更多時間。

但不幸的是，還不只這樣。就算我們關掉應用程式，我們都還在想著親朋好友在上面的對話。雖然跟他們交流看似愉快，但在「你有看到那個嗎？」「你相信嗎？」或「你有聽說嗎？」這類八卦式對話中花費了多少時間呢？

通常，這些對話的目的並不是在跟親友建立有意義的連結。這些對話並不能使人成長，或者更接近事業目標。我不是說這樣的內容不有趣，而是這樣的內容不重要。我們就老實承認，這些對話的目的不是在討論一篇文章的重點，或者你對某些事情的看法，我們只是在對標題做出反應而已。

看一下數據

近年來，有公司開始推出「螢幕使用時間」這類個人化的服務，也就是讓我們知道自己花了多少時間在手機上。我每週會收到一次報告，寫著我花了多少時間在看螢幕、哪一個應用程式獲得我最多注意力。

我們滑手機，一下子兩小時就過去了，真是令人震驚。當然，我們平均的螢幕使用時間比兩小時高出太多，看看以下的數學問題：

如果在半年一百八十二天中，一天花兩小時看螢幕，總共就是三百六十四小時。也就是六個月中的整整十五天。換句話說，**我們每年會把一個月的時間，花在很有可能無法幫助到自己或事業的資訊上**。

一年裡面，我們花了七百二十八小時點開標題，或者滑手機的時候快速掃過標題。我們一天大約花八到十個小時工作。七百二十八小時除以八，等於一年有九十一個工作天。許多人一週工作五天。九十一天除以五，就是一年十八．二週。這就等於我們輕易交出了自己三五％的工作時間。我是不是剛才還說過，一天兩小時是遠低於實際的數字？

你可能覺得「這聽起來還真讓人沮喪」。我對此感到遺憾，是真心的。

我知道保持訊息暢通或收集資訊做研究，都是使用科技的正當理由，然而娛樂也是我們使用科技的原因之一。如果不注意，界線就會模糊。我們很容易就忘了時間，我們沒有意識到自己無形中浪費了多少時間。

我們並不是刻意尋找資訊，來幫助自己成長或解決問題。我們只是漫無目的的接收這些餵給我們的內容，畢竟社群媒體動態消息的英文就叫作「feed」（餵食）。但我們不一定非得這樣。

重新找回空間

這些網路科技可以依我們的喜好調整設定，我們必須確保裡面的資訊與資源是我們需要的。我和許多覺得自己迷失焦點的人聊過，他們都是事業有成的聰明人，但都經歷過資訊疲勞。我們的精神會因為資訊超載而疲累，大腦每天接收資訊，但我們沒有留下時間與空間讓大腦去消化、整理這些資訊。

當你不知道你是如何花費時間的時候，就很難做出改變。雖然這聽起來讓人沮喪，但重新找回控制的方法之一，就是好好看一下前面的數據。

注意力不集中是一種徵兆，表示有其他東西正在干擾我們。有時候有些分心的事物是完全合情合理，像是家中如果有人生病，會帶給我們很大的影響。不過，有更多的時候，是我們允許這類干擾占據自己的時間。我們接受這些讓人分心的東西是「世界的一部分」，但其實我們可以拒絕它。這可以從了解我們如何運用自己的時間與資源開始。

跨過罪惡感

如果仔細去了解我們是如何運用自己的時間與資源的，結果可能有點可怕，我們知道自己做得不夠好，我們會傾向怪罪自己。但就像羅賓・威廉斯（Robin Williams）在《心靈捕手》（*Good Will Hunting*）裡說的：「這不是你的錯。」好吧！可能有一部分是你的錯，但現在怪自己也沒用，對吧？

我總是會把罪惡感背在身上，像牛車上的軛。我很清楚知道，我是怎麼讓自己落到這步田地的。但不斷自責也沒有什麼好處，只會浪費更多時間。不過，正視自己的處境，是找出自己想要去的地方的最佳方式。我們不能沉溺在罪惡感中，我們必須向前進。如果你想要做出改變，吸收更多資訊似乎也不是解決之道。

當然，這並沒有這麼簡單，但最後會變簡單的。花一點時間，讓自己想清楚：

你是否覺得每天早上都壓力很大？

你是否覺得在法蘭柯的故事中看見自己？

小紅點反應的段落是否讓你產生共鳴，而且你真的拿起手機看了？

我的確拿了，有時候我現在還是會這樣。

我想跟你分享這個挑戰。我也不能免疫，我也不是天生就做事有組織、有效率。我要跟你分享的這些想法、做法與系統，是我現在每天會用的方法，這幫助我壓制讓我分心的魔鬼。

那看起來會像什麼樣子？

如果你能夠把那些進到你腦袋的干擾減到一半，會是什麼樣子？這些干擾都來自哪裡？接下來的二十四到四十八小時，請去辨認並注意你允許什麼樣的干擾進來。

重點聚焦

- 我們要意識到自己有能力把時間與注意力花在重要的事物上。
- 在面臨決策之前，要先了解什麼對我們來說是一個好的選擇。
- 我們要朝著自己最想要的生活前進，做出與自己的理想與價值觀相符的決定。
- 行銷與軟體公司都認為我們的注意力有價值，我們必須同樣重視自己的注意力。

2 這方法沒用：我們沒有準備好

我相信日積月累的力量。我認為**應該把已知、有用的方法發展成可重複運用的系統**，但我指的不是某一種處方或一成不變的公式。系統應該是靈活的，能夠跟著你成長、隨著你不斷演變的環境而改變。**要開始一個系統，首先就是找出哪些方法對你是有用的。**

「你永遠不會成功的！」

我們永遠不會在激勵海報上看到這句話。但我承認，有時候我的腦海中充滿了這句話。然而，對我發出這句話的聲音，其實立意良善，它希望我不要再犯錯而再次走向失敗。那麼這應該對我很有幫助，對吧？

每當我想要嘗試新的東西時，都會有一個東西不斷冒出來，就是那個聲音，提醒我以往一長串半途而廢的歷史、尚未達成的目標，以及從未實現的點子，讓我覺得我好像永遠都不會成功。

我們不是應該從失敗中學習嗎？

是這樣沒錯，但老實說，我們通常不會花時間仔細思考是哪裡出了錯，並從錯誤中學習。這並不像我們一開始學什麼該做、什麼不該做那麼簡單。如果摸到熱爐就會燙傷，你就知道不要再去摸它；我應該也不用提醒你，不要伸舌頭去舔冷凍金屬棍。

但當我想要學習、發展出系統的時候，我並不會去思考失敗的經驗。因為我不是要尋找我應該避免的東西，我想要的是我能夠去建立的東西。

從失敗中學習並沒有用

從失敗中學習的這個信念常讓我們失望。從錯誤中學習，這個概念本身就讓人誤解。事實上，許多著名成功人士的名言都貶低這個概念。湯瑪士・愛迪生

（Thomas Edison）應該是這個領域裡面最常被引用的佼佼者：「我並不是失敗，我只是找到一萬種行不通的方法[5]。」

再仔細讀一次這個句子。愛迪生拒絕用失敗來描述他所做的事，而是點出他一萬次的嘗試與努力。這就是「從失敗中學習」這個哲學的目的，鼓勵我們繼續前進、再次嘗試。如果我們真的從失敗中學到了什麼，我們的下次嘗試就不會從一樣的地方開始，因為失敗的經驗可作為我們再次嘗試的堅實基礎。

愛迪生並沒有指出他從失敗中找到成功，「back to the drawing board」這句俗諺也指出，你有個地方能重新開始。你有想法和靈感，就算正經歷失敗，至少你已經試過一次。因此，這些經驗就不算失敗，而是你的優勢。嘗試，能帶來新局，從你開始跳躍的起點，不管你跳出的那一步有多小、多不穩，都是能支持你繼續往前的力量。

如果要說失敗有什麼好處，就是它縮小了我們的選擇範圍，它讓我們專注於有用的方法上，就算只是一小部分。如果我們試著複製成功，以新的方法運用學到的技巧，我們就是站在先前的嘗試上，追求進一步的成功。從失敗中學習，更重要的是去除那些沒用的選項，慎思熟慮地運用我們的優勢來成就新局。我們第一個優勢，就是我們已站上的平台。

「勇氣」與「白手起家」的迷思

我們都認同白手起家的概念，我們崇拜這些人，好像他們在面臨挑戰時，都是藉著過人的勇氣而成功。的確，有許多激勵人心的故事與例子。然而，我們忽略了一件事。用比較整體的觀點來看，每一個成功的故事必定牽涉到與生俱來的天分、環境的機會，還有幾分運氣，但這樣的故事似乎就沒那麼吸引人了。

我在緬因州中部小鎮的中產家庭長大，在我人生一開始的四年，我家住在移動式房屋（mobile home）裡，後來我們逐漸過上中產階級的生活。我四歲的時候，我父母在一個安靜、友善的社區買了間小房子。光這兩個環境的因素就很重要。我父母是刻意在這小鎮養小孩，當地的學區評價很好（現在也是），鄰居也是精心挑選的，我們住得離我爸小時候照顧他的家庭很近。

我小時候過得無憂無慮。我很聰明，在學校表現也很好。我父母鼓勵我加入運動課和童軍，他們在社區裡也很活躍，不管我參加什麼活動，他們都到場支持。

我父母對於紀律採取堅定但溫和的手段。就像許多兒童一樣，我去測試他們的底線，當然也得到該有的懲罰。但不管如何，我知道他們支持我。我從未懷疑他們對我和姊妹的愛、自豪、照顧與關心。

關於他們對我的支持，我記得最清楚的一件事，是發生在我四年級的時候。我們參加了一個學校樂團的家長說明會，我父親很驚訝地發現，這不只是說明會，而是馬上就要付一〇%的訂金，才能拿到樂器。

當時的六十美元，約莫等同於現在的兩百美元。當時十歲的我，看得出來父親的表情有點不自然。我知道突然要付六十美元，對他來說有點困難。我不知道他是怎麼做出這樣的決定，但我很意外，他為我六百美元的薩克斯風掏出六十美元。當然，有些同學的爸媽並沒有帶他們參加說明會。我知道有些同學的爸媽沒辦法拿出那六十美元，我也不確定我爸媽是否能夠拿出這筆錢。

我已經吹了四年樂器。我吹得並不好，不過也不是太差。但那天晚上，父親在說明會中做出的決定，替我開了一扇門。我學會如何看樂譜、如何練習。我學到樂團是如何一起演奏、互相支持。我學到如何聽指揮、跟著指揮的步調。我在不同觀眾前表演、在評審前面比賽、走過小鎮遊行。

我並不是靠自己的力量。就算我一個人在房間練得很認真，成為一個專業演奏家，這樣的經驗也不會是「白手起家」。我從起跑點就有了優勢。我有支持我的父母、有足夠的錢替我付薩克斯風的訂金（雖然經濟拮据）、很棒的老師，還有我在一個很棒的小鎮成長。我並不是白手起家，而這就是一個優勢。

平台的優勢

在我的這個例子裡，你會發現每個人都為我提供了一個平台，我從中獲得許多其他機會：

- 支持我的父母開車載我到樂團說明會，替我的樂器付訂金→這是一個平台。
- 有音樂系的學校與良好的師資→這是一個平台。
- 老師教我如何看譜→這是一個平台。
- 在別人前面表演→這是一個平台。

雖然這些因素沒有一個能夠保證成功，缺乏這些因素也不會立即失敗，但事實上，別人給了我一個又一個的平台，讓我能夠站在上面，邁出下一步。這每一個都代表一項成就，每個平台都讓我有機會更上一層樓。

我在高中就沒有繼續練樂器了，我選擇追求別的興趣。而以下是沒有發生的事：

- 沒人叫我堅持下去。
- 沒人說我半途而廢。
- 我沒有覺得我在成為音樂家的路上失敗了。

我對這件事的回憶以及學到的東西，實際上是**建立在成功經驗上的**。學習如何演奏樂器，就是從成功中學習的好例子。簡單來說，當你演奏出來的聲音越來越好聽，你能感覺到自己在進步。

如果我吹奏有錯，我不會把焦點放在失敗上，而會以我已經會吹的部分當基礎繼續練習。每一個新的音符，都是建立在我知道如何拿樂器、手指要如何擺的基礎上。學音樂，並不是從演奏錯的音與避免失敗中學習，而是要去學怎麼演奏才是對的，將其串聯出美妙的樂音。

意志力的極限

一直以來，人們對於意志力的極限有很多辯論。我們的意志力能源源不絕嗎？意志力會用盡嗎？能夠再補充嗎？

研究指出，在運用或測試意志力的時候，意志力可能會耗盡[6]。羅伊・鮑梅斯特（Roy F. Baumeister）等人著名的餅乾實驗，研究了消耗意志力對人的潛在影響。為了證明他們的論點，鮑梅斯特等人找了幾組飢腸轆轆的大學生來參加實驗。其中一組的桌上放了一盤溫熱的餅乾，這群學生只要完成考試，就能吃餅乾。另一組學生的桌上放了一盤紅蘿蔔，也得到相同的指示。結果，放餅乾的那一組學生表現得並沒有比較好。鮑梅斯特等人得到的結論是，他們為了不吃餅乾必須花費意志力，這對其考試的表現造成負面影響。

根據鮑梅斯特等人得到的結論，我們可以在意志力的儲存區施加壓力。為了在某個情境中表現良好，我們會希望減少多餘的能量消耗，把意志力專注在眼前最重要的工作上。

因此，問題來了，為什麼我們要讓自己承受這種壓力？當我們能有效移除障礙並集中意志力時，為什麼我們還要繼續允許障礙存在，即使只是像餅乾的誘惑這種微不足道的障礙？

移除障礙

尚恩·艾科爾（Shawn Achor）是正向心理學界知名的作家、心理學家、研究者。他在哈佛任教時，他的課曾是最受學生最歡迎的課程之一。在他的第一本書《哈佛最受歡迎的快樂工作學》（*The Happiness Advantage*）中，分享了一個他學吉他的小故事[7]。

跟所有想學新事物或培養新習慣的人一樣，他先做好規劃。身為心理學專家，他非常了解人類行為模式，也就是說他與我們相比，有非常獨特的優勢。跟大多數人一樣，艾科爾對於他的新興趣熱忱滿滿，他建立了試算表，仔細規劃他什麼時候要練習、練習多久與持續多久。一切多麼美好。

跟許多有新目標的人一樣，他一開始很順利。最一開始，他每天晚上都會從衣櫃中拿出吉他來練習。據他所說，他正在進步，感覺很棒。但幾天之後，他不再拿吉他出來練習了，而是像老樣子坐在沙發上、轉開電視。他像我們一樣，屈服於一股力量。一整天結束後，我們都累了，只想要休息一下。與其學新東西，我們只想要攤在舒服的沙發上，轉著遙控器。

我先說明，服從本能，在一天結束後看一下電視、休息，這完全沒有錯，除非你原本就已經規劃好有別的事要做。一旦艾科爾向他原本的、舊有的習慣屈服，他的新計畫也就結束了。他花在做計畫的時間可能與他實際練習的時間一樣多。

聽起來很熟悉嗎？我是覺得很熟悉。我也會花上好幾天來規劃，特別是那種要改變習慣或建立新習慣的時候。我們都有過同樣的經歷，你也一定有類似的經驗。

但好消息是，艾科爾沒有這樣就放棄。他開始了解到，他停止練習是因為坐在沙發上、拿起遙控器、打開電視實在是太輕鬆了；而他的吉他並不在視線可及之處。事實上，他把吉他放在衣櫃裡。當然，衣櫃並不是在某個遠方的小島上那麼遠，大概只是十秒到二十秒的距離而已。但在一天結束後，他精疲力盡，吉他對他來說就好像遠在天邊。

他試著做了一件簡單到讓人發笑的改變。他把吉他從衣櫃中移出來，找了一個支架，把吉他擺在電視與沙發中間。除此之外，他把遙控器的電池拿出來，放到距離他二十秒遠的地方，也就是衣櫃裡。

他不僅移除了阻礙，從這時候開始，他每天都看到那把吉他，不用站起來、去拿吉他、坐下、練習。他想都不用想。**他讓舊習慣變得有難度，讓新的習慣容易到不做也很難。**

這個例子就是我想告訴你的概念：「**把成功放在眼前**」（put success in your way）。它可發揮力量幫助艾科爾先生及我們所有人來對抗成功的障礙，這是個非常有用且重要的概念。

把成功放在眼前

辨認出你為了達成目標所需的最重要元素，把這項元素放在眼前，包括事先移除障礙或讓人分心之物。

不關門政策

幾年前，我曾經在西緬因州的一個非營利組織擔任執行總監，辦公室離我家大約四十分鐘車程。當時，我太太是家庭主婦，我三個孩子都還小。身為主管，特別是在非營利組織，我必須一人身兼數職，會花去很多時間，尤其是在員工上。

身為主管，我希望大家都能隨時找到我，因此我宣布了一項不關門的政策。現在回想，這個做法有許多缺點。那個地點大約有四十名員工，在別的地方還有幾十名員工。

我整天經常在大樓裡四處走動、檢查郵件，就是為了讓別人能找得到我。我當時不知道，但我基本上是在等待是否有緊急的事情發生，當緊急的事發生了，我就會專心去工作。然而每當我開始要專心工作的時候，就會有員工走進我的辦公室，問我是否有空。

我既然採用不關門政策，就會說我有空。他們坐在我辦公桌的另一側，開始告訴我他們需要我協助的緊急事項。通常他們分享的事情都很重要，我也希望聽他們說和支持他們。雖然我正要開始做自己的正事，但我不抗拒他們打斷我的工作。這就是不關門政策的問題：讓人能隨時打斷你。

在他們跟我談話的時候，我的注意力通常都是很分散。我雖然想要全力跟每一個人互動，但我感受得到事情還沒做完的那種壓力。因此我從來沒有把全部的注意力放在眼前的這個人，或者我正要做的事上。

我允許這些干擾出現，我為了讓自己看起來像是隨時都能找得到人的主管，將這些干擾合理化。但事實上，我只是拖延我應該做的事，而且老實說，也沒有給找我的人應有的全心專注。

當然，一天下來，我發現我無法專心在工作上，我身心俱疲。到了稍晚的時候，我才能開始處理重要的工作，因此時間不夠。我還要開四十分鐘的車才能回家跟家人吃晚餐，我知道我大概只能再待一下子。

壓力跟焦慮越積越多。我在我僅剩的時間裡，盡可能的趕。我工作到最後一刻，拿起鑰匙、外套與筆電，衝到門邊。我的辦公桌上充滿未完成的專案，想著隔天早上再解決。但我通常也解決不完。

聽起來很熟悉嗎？別誤會，當重要的事發生時，我的工作效率還是很好的。

就各種方面來看，我當主管當得還不錯。幾年以來，我盡力讓一切都上軌道，但我知道在工作上一定還有更好的做法。我有個不為人知的祕密，雖然我人在辦公桌前坐上九到十個小時，我大部分的工作效率並不是很好。這並不是因為我不想做或不認真，而是我不知道要如何長時間維持專注。我並沒有了解到我允許的那些小決定和干擾（有時候還很歡迎這些干擾），會讓我從重要的事情上分心。

我不是因為工作需求，才一天花上九到十個小時。我會這樣做，因為我覺得我有義務對我時好時壞的工作效率負責，而且我還隱約對我一天完成的事情自我感覺良好。事實上，在一天結束後，雖然我認真工作，但我常懷疑我是否真的有做到我該做的事。

而且，我知道隔天有更多事情等著我去做，這個念頭就一直在我腦海中揮之不去。我總是跟自己說，明天再來解決。而事實的真相是，我沒能解決這個問題。

做決定讓人分心

研究指出，我們每做出一個決定，會對我們要做的下一個決定有負面影響[8]。再加上我們長久以來都認為，我們能夠同時多工，但這個概念已經不再那麼穩固了。並不是說我們不能同時做很多事情，我們甚至說服自己做得到，就像我說服自己那樣。根據研究，我們對這個概念的理解不同。我們在多工時，大腦不會同時主動管理多個任務，而是不斷在它們之中間切換。這樣的切換會耗能，影響到我們的表現，對於神經的運作也有害。

做決定讓人分心

研究指出，我們每做出一個決定，會對我們要做的下一個決定有負面影響。

在美國總統巴拉克·歐巴馬（Barrack Obama）任職期間，麥可·路易士（Michael Lewis）替《浮華世界》（*Vanity Fair*）寫了一篇報導[9]，那篇文章強調歐巴馬是如何安排他的一天，讓他能更有效地把注意力與決策的心力放在重要的事情上。歐巴馬分享他是如何捨去瑣碎的決策，像是要穿什麼、午餐吃什麼，將他做決策的精力運用在一天當中最重要的事，像是他是否應該干涉利比亞內戰。

有很多成功人士也將這類瑣碎的決策排除在外，像是馬克·祖克柏（Mark

Zuckerberg）出名的灰色T恤配牛仔褲、史帝夫・賈伯斯（Steve Jobs）每天基本上都穿一樣。撇開流行的元素不談，這些每天穿一樣的目的，就是為了消除「在當下」做決定的精力。

還記得我們前面講過起床、拿手機、檢查郵件，還有我們自己要去做的十幾個不同的決定嗎？你是否發現，你花了許多時間與精神，思考東西在哪裡、要穿什麼衣服，還有你應該吃什麼早餐？

每一個小決定都會損耗我們的精力。為了時刻做出最好的決定，我們必須把所有決策的能力用在生活與工作中最重要的事情上。

所以，我必須再問一次，為什麼我們會讓自己面臨這樣的精神損耗？為什麼我們要把數十個或數百個決定擺在眼前？何時我們才能排除這些決定，把精力保留給更大、更重要的事情？

你在忙的是什麼？

有些時候，甚至太多時候，我們都不知道自己在忙的是什麼。當然，可以用代辦清單來提醒自己，但重點來了，代辦事項永遠都在那裡徘徊著，就像我們知道角落裡有蜘蛛網，但沒有力氣站起身去打掃。我們容忍這樣的事情。

每天有好多事等著我們去做，我們有時候就會思考「要從哪裡開始？」我以前的工作模式是分散的，沒有每天先決定好該做什麼事。我早上會先掃過一遍，像是興奮的雷達，找出我下一步應該要做的事。但我很少找到我真正需要做的事，我的雷達壞了。

我只是回覆每一個訊息，允許干擾進來，做的是眼前冒出來的緊急事項。我很常打開電子郵件，看看接下來要做什麼。我可能會看我的文件匣，或者在辦公室內走動。

我們從推特、Snapchat、臉書之間跳來跳去，打開電子信箱、重新整理電子信箱，又回去看臉書，讀文章（或者只讀了一部分），再回去看推特，到底是在忙什麼呢？我們花費大量精力找一個安全的地方降落，直到我們覺得「這看起來很好，就從這裡開始吧」。

這些軟體跟社群媒體本身並不是讓你分心的東西，而是與人連結、交流的管道，問題在於我們如何運用這些工具。我們隱隱約約但又有些明顯地允許這些工具讓我們分心，每一次手機、平板、電腦跳出通知，我們就受到干擾。就算是靜音模式或螢幕角落出現新的通知，我們的注意力都會分心個幾秒。

每一項注意力的轉換都是一個決定，而每一個決定，都會讓你在目前做的事情上分心。在讓人分心的世界裡，想要管好自己，我們必須知道我們每天遇到的決策多如繁星，才能消除或至少減少這些決策的數量。

排除分心之物，就是減少當下需要做的決定。你必須先了解在什麼時候、什麼樣的東西上需要你的注意力。你可以做出選擇，而這來自於你知道什麼是重要的、你需要採取什麼行動，並讓自己輕鬆地完成。這是不是比一整天咬牙度過好呢？

這樣的過程是持續性的，我一直在精進自己處理分心的系統。最近在寫作的空檔跟妻子聊天的時候，手機收到兩封訊息。當然，這兩封訊息吸走了我的注意力，而我並沒有發現，我話講到一半就停了，讓妻子等我。

結果，那只是我最近新增了 Slack 帳號，還沒進行偏好設定的通知。這些訊息根本就不重要也不緊急，這些訊息可以暫緩，也不應該轉移我與妻子對話時的注意力。

那看起來會像什麼樣子？

你把你做決定的精力花在哪裡？你把意志力用在哪裡，而這樣的意志力能用在更好的地方嗎？你希望你的一天看起來像怎麼樣？在那些你不斷遇到的「當下」的決定中，有哪些是你可以減少或直接刪掉的？你在裝置上收到的所有通知，都是百分之百必要的嗎？有哪些是你使用預設值接受的通知？

重點聚焦

- 從失敗中學習沒有用，要懂得去複製成功經驗；把已知、有用的方法發展成可重複運用的系統。在你已站上的平台上，更上一層樓。
- 「把成功放在眼前」：辨認出為了達成目標所需的最重要元素，把這項元素放在眼前，包括事先移除障礙或讓人分心之物。
- 每一個小決定都會損耗精力。為了時刻做出最好的決定，必須把所有決策的能力用在生活與工作中最重要的事情上。
- 排除分心之物，就是減少當下需要做的決定。

PART 2
簡單決策的力量

3 把成功放在眼前

多年前，我在一張紙上寫下「把成功放在眼前」這句話。我還記得我當時的狀態，我記得當時這個領悟對我有何意義。我現在還保有那張紙條。

「把成功放在眼前」就是我重新找回時間與注意力的方法。這個方法基於三項重要元素，前面兩項我們已經提過：

- 意志力是有限的資源。
- 做決定會讓人分心。
- 習慣是與生俱來的強大力量。

我們先複習前兩項，再來說說習慣。

意志力是有限的資源

我們都自認有能力為了達到某個目標而運用意志力，我們也了解這樣做需要一定程度的努力。了解到這一點，我們便應該思考如何有效率與高效運用我們的努力。將我們的努力分配給生命中最重要的部分，是非常合理的。

做決定會讓人分心

每天早上，我睜開眼睛，我不想思考是什麼、在哪裡、什麼時候、為什麼、怎麼做這些問題。我不想要一天之始，就在家裡找車鑰匙、想著我早餐要吃什麼，或者點開手機上的通知。

每一項行動都需要做出決定，不管這個決定有多微小。每一項決定都會花到我們的時間，不管這個時間有多短暫。某一刻時間被占用了，就代表我們生命中其他部分的時間變少了，不管是睡眠、事業成長或與小孩相處的時光。時間都是慢慢累積的。

習慣是與生俱來的強大力量

這是「把成功放在眼前」的第三項重要元素。意思並不是說我們完全受到習慣所牽制，但從生物學上的角度來看，我們容易養成習慣。大家對習慣的印象不好，尤其是不好的習慣。但事實上，在我們度過一整天的時候，習慣能發揮出寶貴的作用。

因為出於習慣，我們不需要花太多心思，就知道如何刷牙或綁鞋帶。這些動作都刻在肌肉記憶裡，也是「習慣銀行」的一部分。習慣也能讓事情變得簡單，減輕我們的精神負擔，使我們能夠快速地度過一天。

習慣也帶給我們機會。我們如何利用這種生物學的傾向來發揮我們的優勢？我們要如何建立能滿足自己需求的習慣，使它就像刷牙一樣自然，並將其作為集中精力和注意力的手段呢？

「把成功放在眼前」的基礎，需要考量這三個核心元素，並找到機會利用你對核心元素的理解，讓事情變得容易。「把成功放在眼前」會是什麼樣子呢？

衣櫃裡的吉他

艾科爾的吉他距離他常坐的沙發只有幾秒的距離。我沒有去過他家，但我可以想像得到在他坐的地方看不到衣櫃。他決定要把吉他放在沙發與電視中間，並把遙控器移走，就是運用這三項元素的絕佳例子。

- 原本他需要運用**意志力**才能離開沙發，他把這件事情排除掉了，並把吉他放在觸手可及之處。
- 他把遙控器放到衣櫃，就把**做決定**這件事情給去掉，不用再煩惱應該要看電視還是練吉他了，也順便排除了避免看電視這件需要運用意志力的事。
- 他利用了原有的**習慣**，就是工作後坐在沙發上。

這就是簡單決策的力量，這就是「把成功放在眼前」的樣子。

有計畫地度過一天

這並不是能讓我的一天變得更好的神奇魔法。我必須承認，這並不總是那麼簡單，但的確有變得比較簡單一點。

想知道你現在要努力的方向與你必須要做的事，需要做一點準備。記得我描述過的辦公室樣貌嗎？不關門政策、不斷的干擾、我等著處理緊急重要的事。這樣的生活持續了好幾年，一直到有一天，事情發生巨大的變化。

我們每年都會去鱈魚角（Cape Cod）度過家庭假期。可想而知，我們預計整天都待在海邊，曬著太陽、埋在沙堆裡，還有跟孩子們一起衝浪。

很多人放假的時候都還忙著工作，我也一樣。但我確保工作不會干擾到我與家人相處的時光。所以，與其要整天煩惱工作，我決定早點起床，把工作做一做。家人都還在睡的時候，我就起來了，泡著咖啡，拿起筆電，伴著早晨的陽光，在陽台的小桌子旁開始了我的一天。

我知道我時間不夠，所以為了要享受海灘，我決定把三件重要的事情做完就好了。接著，我會瀏覽一下電子郵件，收個尾，我就能夠放鬆享受這一天。若列成清單的話，就會像這樣：

- 事項一：需要四十分鐘不受干擾、紮實的工作。
- 事項二：又一個四十分鐘，做的事差不多。
- 事項三：會花上二十分鐘。

我檢查了一次電子郵件，回了一些訊息，就把電腦蓋起來。這又花了我二十分鐘。在我收尾的時候，家裡的其他人開始出現在桌子旁，睡眼惺忪、拿著咖啡。我完成了三件事情，瀏覽、回覆了一些電子郵件後，還來得及跟家人吃早餐，並幫大家準備好要帶去海灘的東西。

我們整天都待在那。我沒有再檢查郵件了，畢竟我人在度假。我跟妻子一起坐在海灘上，發現我在過去兩小時內做的事，比我整天坐在辦公桌前還要多。第一天的效果非常好，所以我隔天、後天，都照著這個方式做。

我在前一晚就決定好我要做的事，起床後把事情做完，就跟家人一同度假。每天，我都做完工作，很放鬆、充滿自信，因為我已經完成代辦事項。至少，我在假期結束時，除了獲得充分休息外，也覺得自己有所成就，那真的是很特別的經驗。

在成功之上累積

多年以來，我每週都會跟好友貝姬・麥奎（Becky McCray）通話。我們互相指導、討論我們正在進行的工作，進行意見交流。這種意見交流的價值，是非常重要的。這就是一種**反思實踐**（reflective practice），也就是仔細地去回顧過程，以便能加深理解並有機會真正從經驗或觀察中學習[10]。根據教育哲學家約翰・杜威（John Dewey）的理論，成人並不是從做中學，而是透過反思自己做過的事情來學習。

我跟貝姬談到我在假期中的工作經驗，以及這個方法有效的原因。為了要複製並將其改造成可持續運作的方法，我們把我的方法拆解成五個元素。我永遠都感激貝姬，她激勵出我腦中的這些想法。以下是讓我能夠在海灘度假又能完成工作的五個元素：

- **規劃：**我事先規劃出我一天開始的時候要做些什麼事。
- **有限的事項：**雖然我手中還有其他未完成或更重要的事情，但我將焦點與注意力集中在三個特定的項目。
- **有限的時間：**我規定出某一段工作的時間。
- **特定的時間：**我事先決定好每一個項目要花的時間。
- **不受干擾：**我把自己放在一個不會受到干擾的環境。或許更重要的是，我決定不要讓像是檢查郵件、社群媒體、傳訊息、接電話等讓人分心的事物來干擾自己。

這邊必須先說清楚，我每天早上的這幾個小時，並不是做什麼像是治療癌症這種厲害的大事，做得也並不完美，我有時候也會開小差，去點一些我不應該瀏覽的東西。但是，在經過多年努力試圖找出讓我工作更順暢的方法後，我終於經歷到成功的滋味，這對我來說意義深遠。儘管我先前有過多次在最後一秒趕回家的夜晚，也從未從錯誤中學習，那些經驗也是成功的一部分，提供了我能夠繼續積累的平台。

複製成功

了解成功的五個元素後，接下來就是複製並每天累積成功。我從小事開始做起，從一天兩小時開始，再用一樣的方法處理，持續不斷。看起來會是像這樣：

規劃

在一天結束時，決定隔天早上要做的三件事。在一張紙的上方，寫下標題「成功＝」，然後寫下三件明確的事。

有限的事項

選擇的過程很重要。把你的注意力放在三件先前就決定好的項目，了解到在這段時間內，你就只能做這三件事。

有限的時間

在一天開始時撥出兩小時，也就是每件事能分到四十分鐘。加上了這項限制，讓我能夠抵擋讓頭腦放鬆的誘惑。我知道工作有結束的時候，到時候我就能夠去做別的事。

特定的時間

我分配好每個項目要花的時間、撥出兩小時來做三件事，我把這件事情放在我一天最早的兩小時，並在兩小時內拼命去做。

不受干擾

這對我來說是最難的，也許對我來說最難管理的事情是由我自己的想法和衝動造成的中斷。我訂下規則，在這段期間不能檢查電子郵件或社群媒體。我發現，如果你讓身邊的人知道你在這段時間沒空，會很有幫助。就想像自己在開一場兩小時的會。我也建立了幾項規則，並讓家人知道。舉例來說，當我在忙某一個工作項目時，我妻子知道我可能會不接她的電話。但如果她再打一次，就代表著她要講的事情非常重要，必須打斷我的工作。這是我們的規則。

這就是我「把成功放在眼前」的樣子，它有效運用了三個核心元素：

意志力是有限的資源

我運用意志力的方式是尊重我所做的決定和我建立的規則，這樣做是為了專注於我之前已決定好的重要事情上。我把事情寫下來，放在桌上，這能夠讓我不分心，不會去找其他緊急的事情來做。

習慣是強大的力量

對我來說，整個設定裡面最難的部分，就是提前規劃我的一天，但因為我每天早上都成功做到，這便支持我繼續這樣做。成功的經驗帶動了習慣養成。

做決定會讓人分心

我把三件事情寫下來，根據五個核心元素設定時間，這就消除了關於我要做什麼與何時要做的任何不確定性或「當下」的決定。

雜亂思緒的干擾

我唯一無法完全去除的干擾，是來自於我的大腦。大腦很喜歡打斷我，提醒我一些微不足道的小事，總想要跟我分享新點子，尤其是當我進入「請勿打擾」的模式時。

大腦會發送給我們一些小提醒，讓我們想起來應該要做某件事，像是「我應該要打電話給誰」。於是，我們暫停手中的事，切換模式，想在我們忘記之前迅速去打那通電話。**這些干擾都會破壞我們的注意力，讓我們失去原本的動能。**「我得現在做，不然我會忘記」，這是我們對自己說過的最危險的話之一。

我以前會拿起電話，或者跳去做一件我突然想起來的事情，把原本進行到一半的事情擱著。我可能會說「我只要寫封郵件」，然而，當我打開電子郵件，就會看到其他十封電子郵件，博取我的注意力。於是我就想「我都打開郵件了，順便把這些信都解決一下好了」，但接下來又會冒出別的想法與其他干擾。

我非常尊重時間管理大師大衛．艾倫（David Allen），但我遇到太多人可能對他「在兩分鐘內可以解決的事應該馬上做」[11]的概念有所誤解，或甚至運用不當。

若是在艾倫先生提供的範例中，那很合理。但如果把它視為通用法則，你就會整天都在做兩分鐘以內的事，卻沒有花時間在真正重要的事情上。

遇到這些干擾的時候，可以怎麼做呢？我在青少年的時候，有位老師教我一個特別的冥想法。她給的建議非常實用，我受用至今，不只是用在冥想，在工作上也是，尤其是在我一天開始的兩個小時上。她的建議很簡單：

這個技巧的用意，就是清除你的思緒。但思緒進入大腦，似乎跟我做的努力有所衝突。我們自然而然就會想要對抗這些念頭，用念力希望這些念頭離開，但卻反而變得更困難。想像一池水，表面起伏，容易受風影響。我們冥想的目標，就是進入到池子裡更深的平靜地方。當你進到越深的地方，念頭會進來，很正常。念頭就好像冒出來的泡泡，擾亂一池春水。與其對抗那些泡泡，不如讓泡泡浮到表面，消失。再回到冥想當中。

你可能覺得這聽起來有點蠢，有可能你覺得很合理。下面介紹如何應用這個方法來保持專注。

捕捉思緒

在你想要專心致志兩小時的時候，旁邊放一張空白紙與一枝筆。工作當中，難免會遇到一些其他無關、隨機但重要的念頭竄進來，像是「不要忘記×××三天後截止」、「你應該幫這則貼文找一張配圖」、「記得打給姊姊，她的結婚紀念日到了」。尤其是想到「要打給誰」的時候，我們很容易會擱下手邊的工作，拿起手機打電話。

與其讓這些思緒干擾你的專注，讓你陷入困境，不如把它們寫在紙上，繼續工作。用一個快速、簡單的方法，把這些思緒捕捉起來，就能夠避免在專心的時候受到干擾。現在先寫下來，等你兩小時結束之後再處理。這很像思緒的泡泡：讓泡泡冒到表面，破掉，再回到冥想當中。

這個技巧幫助我保持專注，也可以對這些思緒感到放心，因為我知道我不會遺漏它們。你冒出來的念頭，幾乎都能夠晚點再處理，不需要立即付出注意力。

你希望達成什麼？

每個人想達成的事都不一樣。有些目標很明確，像是業績目標或收入目標。有些則是比較廣泛，像是更有條理或更活在當下。有些目標很簡單，像是下面這個例子：不要喝到自來水。

在衣索比亞刷牙

「把成功放在眼前」的第三項元素是：習慣是強大的力量。我有一次造訪衣索比亞的時候，親身體會這一點。

我和妻子是為了領養小孩而過去。身為衣索比亞的訪客，我們很容易會受到當地用水相關的疾病影響。所以原本不大需要用腦的，像是刷牙與刮鬍子這類的簡單例行公事，變成必須事先思考與規劃。因為現在如果我們不夠小心，可能就會生病。我們必須適應不能喝自來水這件事，所以我們必須替刷牙這種根深蒂固的習慣創造新的系統。

聽起來很簡單，對吧？那是我兩個月以來第二次拜訪衣索比亞。我以為我已經做得不錯了。我用放在浴室洗手台的瓶裝水刷牙。很簡單，就只是這樣，使用瓶裝水而非水龍頭。這個系統很簡單，只要把一瓶瓶裝水放在浴室洗手台就好。之後的每天都很順利，一直到最後一天。我刷完牙的時候，那種想要打開水龍頭漱口的習慣實在太強大了，於是我就喝到自來水了。

在那趟旅程的一開始，因為我擔心生病、希望保持身體健康的念頭很強大，所以我做得不錯，我總是使用瓶裝水。到了最後一天，擔心生病、敗興而歸的念頭消退了，我也就放鬆了。在閃神的一刻，我就手滑了。在我發現自己拿水龍頭的水來漱口時，已經太遲了。

把刷牙這種簡單的動作講得太清楚，好像有點好笑。但真正的挑戰不是刷牙，而是我一直在努力保持健康，我在試著用新的習慣，取代舊的習慣。我們用前面提到的三元素來分析：

- **意志力只能幫我到這裡：**我非常小心，希望在衣索比亞的時候不要生病，讓旅程掃興。但這樣的念頭逐漸淡去，在旅程快結束時，急迫性消失，讓我失去防備，舊有的習慣又再度出現。

- **習慣是強大的力量：**我想像不出來有什麼習慣是比刷牙更深刻，而且我身處的環境也支持著這個習慣，有洗手台、水龍頭、牙刷、牙膏、鏡子。
- **決定會讓你分心：**在所有支持舊習慣的環境暗示之下，洗手台旁邊放一瓶水，還不足以改變這項習慣。其他所有元素都還在原地，這就表示必須要有意識地注意（並決定）使用瓶裝水，記得（決定）不要用水龍頭。舉例來說，我可以找個東西把水龍頭蓋起來，表示它不能用。

消除決定與做決定一樣重要，這跟建立新習慣很像。如果我們想要每天慢跑，一開始可能會對想要維持身材、變得更健康而充滿意志力。但我們都知道，在想改變習慣的時候，意志力也只能幫到這裡，你**必須去思考如何改變你的環境**，來支持這項習慣。

小事情跟大事情都一樣重要。我們在建立自己的系統時，經常容易把事情複雜化。複雜的系統可能讓人印象深刻，但不好維持。畢竟，系統的目的就是為了替你服務，而不是帶給你更多麻煩。

習慣讓事情變得簡單

不時審視與調整我們的習慣很重要。有時它可能需要恢復持續性，有時則可能需要大幅調整，但都不會太複雜。

習慣的養成都是崎嶇的。一開始看似很難，因為我們要重新訓練自己，去完成新的任務，取代舊的習慣，或者原本不存在的習慣。**我們的目標，就是以一種幾乎不可能不去遵循的方式，來設置每個習慣的步驟，使它們就像綁鞋帶一樣自然。**

基本上有六種習慣類型幾乎涵蓋了我們生活的各種層面，這些習慣可以在短時間內產生巨大的變化：

- 開始（start）
- 結束（finish）
- 飲食（eat）
- 睡覺（sleep）
- 移動／運動（move）

●連絡／連結（connect）

這項清單囊括我們大部分的日子。你如何**開始**與**結束**你的一天，是你能養成的兩項最強大的習慣。雖然這清單沒有分先後順序，但我其實是把「結束」放在「開始」前面。如果我能很好地結束我的一天，就等於我替明天準備了一個很棒開始。

要改變**飲食**與**睡覺**的習慣比較有挑戰。睡眠是替隔天的開始做好準備，我用鬧鐘提醒自己應該準時上床睡覺。飲食習慣可能需要大幅度的調整，但基本上，就是要遵守我替自己建立的規則。大概就是這樣。

不管你是在計算步數、要求自己久坐要起身走動，或接受馬拉松訓練，**移動**是另一項幾乎立即就能夠改變你的感受、身體如何運作的習慣。我限制自己每天有三種運動可選擇。我也設定一段運動的時間，我會設鬧鐘。我有一起訓練的夥伴，也有人負責監督我（如果我沒運動，就必須傳訊息給朋友）。

我跟我朋友約翰幾乎每天**連絡**。有些人我一週見面三到四次。我會打給母親與姊姊，我在工作的時候與人交流，我幾乎每天都跟朋友跑步。你也可以將這一項改為「與新想法**連結**」，像是建立閱讀的習慣。可依照你想的去做。

有時候，會有人跟我說應該多增加一點類別，但我還沒找到無法歸類到上述分類的項目。例如以下項目都可歸類到六大類中：

- 每晚清空洗碗機↓結束，結束你的一天。
- 一週讀一本書↓連結，與新想法產生連結。
- 存錢↓開始，開始規劃未來。
- 清除債務↓結束，替你買的東西付錢。

我喜歡極簡主義。我們都能夠把事情複雜化，但要把事情變得簡單才是挑戰。這些類別已足以幫助我們構建出自己的方法。

清除甲板

「清除甲板」（clear the decks）是一個航海術語，讓水手「移除或綁緊船上所有可能會鬆掉的東西，以準備戰鬥」。我覺得戰鬥不是特別激勵或鼓舞人心的東西，我不想要每天都在戰鬥，這本書也不是在說要跟自己戰鬥。事實上，可以的話，我寧願逃避戰鬥。

但對於任何海軍來說，都應該要替戰鬥做好準備，在敵人當前時維護國家利益。開啟作戰或加入戰鬥可能不是你的任務，不過你的確身負任務，就算你還不是很清楚任務會是什麼。

你的生命中有許多東西，包括思想、感知與想法，每個東西都可能在你達成任務之時協助你，或者成為你的阻礙。我們的生活中累積了許多物質上和心理上的雜物，簡單來說，就是**我們的甲板上有東西**。有些是需要的，有些則是不需要的。這些東西擋在我們的前面，不僅讓我們無法成功，有時甚至一開始就不讓我們採取行動。**甲板需要清空，我們才能在必要的時候採取行動。**

讓決策最小化

我們每天需要做的決定越多，在決定時就越沒效率。**許多成功人士都有一套固定的常規，目的就是為了減少日常生活中要做的決定，尤其是瑣碎的決定。**不管是要穿什麼、吃什麼、做什麼運動、當天要做什麼工作，甚至是決定工作策略，都會損害我們做決定和採取行動的能力。

關鍵在於找到機會減少日常生活中最基本、最瑣碎的決定。慶幸的是，讓瑣碎的決定不再影響到你的專注力、效率以及你的自由，做法比你想得還要容易。

跑步不容易

或許只有我這樣想，但健身似乎是最不容易養成的習慣。許多人無法達到健身的目標，數十億美元的健身產業就是利用這一點而建立的。他們認為你會失敗，於是就利用這一點建立產業中的財務與行銷模式。

我跟許多人一樣，試過各式各樣的健身課程。這些課程都很棒，從本質上來說都沒有什麼問題。我跟不上這些課程而「失敗」，與課程本身沒有什麼關係。我只是不了解要如何「把成功放在眼前」，以及如何發展出必要的規則，並依照這些規則建立我的目標。許多人面臨的最大挑戰，就是一開始放在我們面前的阻礙。這些阻礙可能是物理上或心理上的，但大多數時候是兩者交互的。

我可能想要每天早上去運動。不過，如果我需要花時間去想要穿什麼、帶什麼東西去健身房，你大概猜得到我可能根本起不了床。當我起床，想著要去運動，如果我得找出我的運動服、工作服、收拾包包或找耳機，你大概就知道我根本到不了健身房。當我要跑步的時候，如果我找不到一雙適合的襪子，或者我的慢跑衫是髒的，或者我找不到它，我不僅沒去跑步，還有可能去睡回籠覺。

我可能意志不堅，但是跑步的欲望不足以讓我克服這些愚蠢的障礙。別誤會我的意思，我們每個人都有可能因為某些強大的原因而持續運動。如果你每天都能出門跑步，我替你鼓掌。要排除那些實際上微不足道的障礙，是非常有可能的。也就是說，**我們可以讓這些阻礙不要出現。**

我如何解決？

你可能已經知道我如何解決這個問題。你在想：「這很簡單」、「我知道」，你說得沒錯。為了要持續練跑，每天早上起床在我還沒開始去想它之前，就出門到外面去，我必須知道「把成功放在眼前」是什麼樣子。對我來說，持續練跑的阻礙並不是跑步本身，而是所有讓我出門的那些步驟，它們累積起來就會變成一大挑戰。

因此我把注意力放在這部分。**我思考了早上會遇到的所有決策點**。我在起床、著裝、出門之間，是哪裡有問題呢？對我來說，有問題的部分，就是我當下需要做一項決定，但這項決定其實可以更早就完成。

- **我應該穿什麼？**除了確保我有衣服能穿，我還要根據天氣來穿衣服。我只要前一天「嘿，Google」或問一下Alexa，就知道我可以準備好適合的衣服。
- **我應該帶什麼？**我在跑步的時候喜歡聽音樂，我也喜歡記錄我的運動過程，所以我要確保手機、耳機與Apple watch都充好電。我目前跑的距離還不長，不需要擔心脫水，但如果需要的話，我也希望水能事先準備好，拿了就走。
- **我要跑多久？要去哪裡跑？**可能很多人會漏了這一項。目前，我偏好以時間來決定，而不是用距離。兩個方法都可以。但是同樣地，這是一個簡單的決策點，我希望我不用當下花時間或精力解決。我可以事先想好路線或決定好一定的時間。

當然，這些準備都是在前一晚就開始。檢查天氣。選擇適當衣著。把短褲、短袖、襪子、鞋子排好。我甚至會把慢跑鞋帶拉鬆。確保手機、手錶、耳機都在充電。設定好時間。決定跑步路線。把所有的東西都放在床旁邊。現在，我能夠每天早上起床，開始跑步。為什麼呢？**因為我想都不用想**。我不需要再經過漫長的過程、尋找我要的東西，才能達成跑步這項簡單的行為。

請注意，我說的是「跑步這項行為」，而不是將目標設定為跑步。目標可能是改善身材、減重或完成半馬，而不是跑步。跑步是行為，是達成目標的第一步。

當思考要如何「把成功放在眼前」時，焦點不是放在最終目標上。你要做的是移除阻礙（準備好需要的所有步驟），把所有需要的東西都擺在面前。那麼你就能讓達成目標所需的第一步變得非常簡單，幾乎是自動化。這就跟艾科爾把吉他擺在沙發與電視之間的道理一樣。

做好準備與訂下規則

如果一心多用，我們的大腦運作得就不是很好。我們不是天生適合多工，至少不是我們以為的那樣。我們也沒辦法同時做兩件事。心理學家格林・威爾遜（Glenn

Wilson）的研究指出，多工可能會降低多達一〇%的有效智商[12]，多工也與有「壓力賀爾蒙」之稱的皮質醇增加有關。

當我們向誘惑屈服時，我們發現自己似乎同時在做很多事情，但實際上我們只是在不同事情之間跳來跳去。這種不斷切換開關的工作模式對大腦與生產力都有害。消除多工傾向的最有效辦法，就是做好準備與訂下規則。

準備

要做好準備，當然說得容易，我們都知道，也認同這樣的概念。準備的核心思想，其實就是**提前做決定，把需要的東西準備好**。

我們收到的每一封郵件、訊息、電話、社群媒體貼文、按讚或得到的回覆，都在強迫我們做出決定，不管這個決定有多小，它都是一個決定。**準備、提前決定你要做的事情是什麼，並投入時間，就代表著你不再持續擔心你是否在做對的事情。**也就是說你接受一次只能做一件事的這個事實。

我的準備，就是選擇我要做的三件項目。同時我也決定了要花在這三件項目上的時間。每一件項目大約花上四十分鐘。我決定了開始與結束的時間，我在忙每一個項目的時候會計時。

當一天開始之時，我就不用煩惱我應該要做什麼事。我不需要記得我應該要做什麼，也不需要看著清單決定我應該要做什麼，或者我當下想要做什麼。**這些決定都已經提前做完，讓我能夠直接工作。**

我也把這個原則用在健身上。我有一個非常明確的計畫，用來達成鐵人三項的目標。我每一天要做的事，就是執行這項計畫。我不需要煩惱我是否在做對的事，或者我是否想做別的事。我只需要讓自己進到泳池裡、跑在路上；如果遇到又濕又冷的冬天，我就會用室內自行車訓練台。

規則

我們眼前有各種機會。我們能夠快速反應，回答好或不好，是基於自己在人生、工作經歷中建立起來的規則。一個運用規則的簡單例子，就是在社群媒體上收到的好友邀請。我們都會收到這種通知，有時候是來自認識的人，有時候是來自相同產業的同事或競爭對手。你可以對每個邀請都接受，或者建立一個簡單的規則，讓你能夠快速決定你要接受誰的好友邀請。你可以依事業目標有意識地選擇建立人脈。

你要如何利用你的時間？你是如何服務顧客的？你會做什麼或不做什麼來換取報酬？你在某些事情可能已經達到自動化，我的目標是有意識、始終如一地做出最終能幫助你成長的決定。**建立自己的規則**，應該是我能成功的最大因素。但這不完全正確，正確來說是因為我**遵守**了這些規則，而使一切發生很大的改變。以下是我在保持專注上的一些規則：

- 在預定的時間到之前，不要檢查電子郵件。從我坐到辦公桌開始，到我完成前一晚就決定的三件四十分鐘的項目之前，我不會點開電子郵件。
- 不要點開任何社群媒體。
- 不要接電話或聽語音留言。

這些是我在早上保持專注的幾個簡單規則。我每天會定期檢查電子郵件，但我會限制自己在特定的時間做這件事，並且是為了尋找特定的聯絡內容，不是瞄過或去回覆那些讓我分心的內容。

除了這些，我還建立一些規則，允許某些干擾。舉例來說，如果我妻子在我專心工作時打給我，我會忽略她的來電，她知道我把各種干擾都阻擋在外。不過，如果她再打第二通，我就會接起來。這就是我們講好的規則，用來連絡一些緊急或重要的事，不然就是在我結束之後，我會回撥。

我最重要的規則是這一條：**我的時間與注意力必須花在我先前決定好當下最重要的事情上。**如果我規劃了運動時間（或其他事項），我不會為自己因此沒做的事感到愧疚，因為我只是履行了我對自己和服務對象的承諾。

我忘了是誰告訴過我：「如果你同樣的事情要做超過兩遍，就需要建立一套系統。」想想看你每天要做的那些重複的事項，你建立一套簡單的系統了嗎？你有一系列的規則，讓你能夠持續依循它們把事情完成嗎？跟其他事情一樣，**建立系統與規則，要從有效的地方開始做起。**問問自己：

- 什麼樣的行為適用在我身上呢？
- 我要如何定義規則？
- 有什麼可以幫我遵守自己的規則？

- 我有一套每次都遵守的銷售流程嗎？
- 我在輸入行事曆活動的時候有一套規則嗎？
- 我對於想合作的客戶類型，是否有一套規則？
- 我是否有一套篩選客戶的規則或流程呢？

一般來說，訂規則的時候，會使用像是「絕不」或「不要」這樣的字，但不一定非得如此。舉例來說，我有一個規則是「絕對不要在週五開除員工」。這個規定的原理是這樣，我身為老闆，希望自己能夠讓員工隔天找得到人，做出反應，支持他們，為之後的發展鋪路。我可能會把這條規則改成「在開除某人的隔天之後，要讓他們找得到人」。

向我們索取注意的事物，與值得我們注意的事物，弄清這兩者之間的差別很重要。把注意力從成千上萬讓人分心的東西中移開，並將精力花在我們所選擇的事情上的能力，是我們必須養成的重要技能。

「把成功放在眼前」，也等同於承認自己有所不能，並把這樣的認知轉化為自己的優勢。消除決定、明白意志力的侷限以及養成習慣，這些構成了基礎。有了這樣的認知，我們就能夠發展出簡單、可重複的系統，將其運用在生活當中。規則就是用來支持我們如何運用這些系統，而規則是由我們自己定義。

那看起來會像什麼樣子？

有時候，要達成新的目標，最好的激勵來源就是檢視自己過去的成功。有哪些是你「把成功放在眼前」才成功的例子嗎？你是否已經有一套系統能夠加以改良或重複使用？你替自己建立規則了嗎？

檢視自己的一天，不管是在工作或是在家裡，查看自己每天的各個時段，問自己希望一天的這個時候要過成什麼樣子？你要如何消除干擾，把更多注意力放在重要的事情上？

重點聚焦

- 「把成功放在眼前」是找回時間與注意力的方法，立基於三元素：意志力是有限的資源、做決定會讓人分心、習慣是與生俱來的強大力量。
- 利用五項元素，為自己打造一段專注的時間：規劃、有限的事項、有限的時間、特定的時間、不受干擾。
- 處理干擾思緒：與其讓這些思緒干擾你的專注，讓你陷入困境，不如把它們寫在紙上，繼續工作。
- 當思考要如何「把成功放在眼前」時，焦點不是放在最終目標上，重點是要移除阻礙（準備好需要的所有步驟），並把所有需要的東西都擺在面前。如此就能讓達成目標所需要的第一步變得簡單。
- 做好準備與訂下規則，有助於保持專注。

4 你就是你的系統的設計師

這句話有兩個重點，我會分別解釋，再說明這兩項是如何共同合作。第一個重點是「設計師」。第二個則是「你」，以及更重要的是「你的系統」。

設計師的英文architect源自希臘字arkhitekton，字面上的意思為「主要建造者」（chief builder）。這提醒了我們，對於自己的決定與行為要有十足的掌控權，我們負責建立自己想要的經驗。在你的一天、你的行程、你的選擇、你的家、你的辦公桌、你的桌面、你使用的軟體，甚至手機裡應用程序的排序中，你都是設計師，你就是主要建造者。

設計師是帶有意圖的，他們的設計都有其目的。例如在建築上，我們通常想到的是實際的建築物，也就是建築設計師設計出來的作品本身，但他們其實是在引導我們，形塑我們在整個場域內外的體驗。在最極致的情況下，設計是為了啟迪、激發人心。

在理查・塞勒（Richard H. Thaler）與凱斯・桑思坦（Cass R. Sunstein）所著的《推出你的影響力：每個人都可以影響別人、改善決策，做人生的選擇設計師》（*Nudge: Improving Decisions About Health, Wealth, and Happiness*）一書當中提到「選擇設計師」的概念，這些選擇設計師的責任在於要去創造出人們做決定的環境[13]。

我們日常生活中隨處都能看到選擇設計師的例子。我們接觸的所有網站和使用的各種應用程式，都是為了幫助我們做出決定而設計的。儘管這聽起來很有幫助，但我們做出的決定並不總是對自己有利。

菜單是選擇設計師的另一個例子。你是否注意過有些餐廳的菜單上會推薦特定的項目？這些簡單的視覺暗示，就是為了要提高某些品項的銷量，它的確有效。這些品項通常是對餐廳來說利潤最高的餐點。這種看似有幫助的暗示，對我們來說可能根本就是幫倒忙。

另一個選擇設計師的絕佳例子，就是商品擺放的位置。我們可能不會想太多，但是超市與零售商非常明白選擇設計師的力量，他們有意設計擺放產品的方式，來增進銷售。即使面對像義大利麵醬這種有幾十種選項的商品，超市（與義大利麵醬廠商）知道擺在某些架子（特別是眼睛的高度），就是讓人購買商品的關鍵。

好的、聰明的設計會引導我們做決定，這些設計通常會限制我們的選擇。就算有數十種選擇，好的設計能夠把範圍縮小。如果做得好，並且是以服務消費者為目標的話，這會非常有幫助。

但每天，**在許多小而重要的地方，我們都任憑自己接受選擇設計師的安排。我們接受預設的內容，而忽略了我們可能會做出不同的選擇。**有種強大的力量在影響我們的決定，我們一不小心，可能就會在義大利麵醬的走道，一邊在心裡流口水，一邊簡單地選了一款醬料。

如果你不做選擇，別人就會幫你選

儘管我們不願意承認自己容易受影響，但所有的證據都顯示，選擇設計師是影響我們購買行為的成功策略。這樣的資訊非常有用，因為以下的原因：

- 知道我們生命中幾乎所有的經驗，都受到他人刻意設計而影響我們的決定，讓我們能看到經驗的本質。我們可以去評價它，或者至少坦然接受。這本身就是一種選擇。

- 我們可以利用這樣的知識。有了這樣的理解，**我們可以去設計環境和經驗，幫助我們進行選擇，並將注意力集中在我們選擇的目標上。**

我舉一個簡單好用的例子，來說明建立一套系統有助於避免或降低我們受到產品擺放等影響的程度，就是去商店買東西的時候列出清單與預算。研究顯示，如果你知道你要買什麼並列出預算，就能夠有效排除那些影響，且能降低所花費的金額。

能幫助自己的系統不一定要很複雜，想把注意力集中在我們想做的決定上，有時候，就只需要列出清單這麼簡單。

你的系統

再看一次這些字：**你就是你的系統的設計師**。我們一眼便能看懂，我們點點頭，同意這個拿回掌控權的概念。但如果我們思考一下這句話中「當設計師」的部分，我們可能還太不清楚這該怎麼做。

另一個同樣重要的部分就是「你的系統」。可能有些東西對你來說不適用。理由或許一長串，或許只有一點，但多半與你的優先順序、拖延症、組織能力或分心的東西有關。

有意思的是，我們很快就能列出不適用的原因，但我們幾乎列不出某些東西對我們有用的原因。反思自己為何成功很重要，就像法蘭柯所做的，辨認出成功的銷售過程。**我們經常會忽視自己已經建立一套成功的系統這個事實，而這些都是我們能去複製、調整的系統，也是我們面對未來挑戰的根基。**

「把成功放在眼前」，不是一項特定的公式，而是一個讓你在面對特定挑戰時可以採用的架構。檢視你的成功，意義在於了解自己已擁有一套能夠達成目標的架構。這些是過去適用於你的方法，你再度運用這些元素，就能成功。

我問人們在某些事情上是怎麼成功的呢？通常他們會回給我一個尷尬的笑容，或者是聳聳肩，有些可能會小聲地說：「我不知道，反正就是成功了」，或者說：「我很努力」。如果我問他們為什麼失敗，他們卻能滔滔不絕地講出許多原因。但問題是我們不常面對使我們失敗的原因，就算我們這麼做，通常也只是掩蓋錯誤，而非從錯誤中反省學習。

透過先前的成就，我們看見了成功的方式。接下來的目標就是要去理解為何成功，並將它用在新的情境中。

架構出你的計畫

多年來，我一直認為，我一旦在某一件事情上失敗了（運動計畫、課程、新年新希望等），這件事情就毀了。負面的聲音從腦海中竄出來，說：「又來了，你知道自己每次都無法完成。」我經常讓那個聲音贏過自己。有時候，我們需要允許自己能重新開始。當失敗時，有時我們需要從別人那裡聽到這句話。基於這一點，我想跟你說，我允許你從上次中斷的地方重新開始。

我猜每一天你的腦海中會冒出上百個念頭，你會對它們做些什麼呢？這些念頭憑空冒出來，但有多少是值得你關注的呢？因為生活中有許多東西讓我們分心，我們沒有那麼多時間把每件事情都考慮進來，我們最好的點子有可能就這樣消失了。我們要嘛衝動行事，要嘛想法飄忽不定，結果什麼也沒得到。**我們要如何把想法轉**

變為行動呢？

那看起來會像什麼樣子？

我說過當我有了一些想法或是靈感，我會把這些念頭寫在一張紙上。當我花時間檢視這張紙的時候，我會決定在我寫下來這些點子之後要做出什麼行動。有時候很簡單，有時候我需要再想一想，我就會在行事曆中安排時間去思考。

每當我有點子冒出來時，我最喜歡問的問題就是：「**那看起來會像什麼樣子？**」這個起頭很有用，因為你很快就能從概念發展出一項計畫。**這個問題能幫忙架構出你需要的步驟或行動，把概念付諸實踐。**

請想一個你心中的目標或任何你希望達到的成就，然後問自己：「那看起來會像什麼樣子？」這個問題幾乎出現在我每一場商業談話中，它幫助我們透過思考步驟來做出更好的決策。我們想到一個想法，並去討論它看起來像是什麼樣子，這個想法就能夠成為行動計畫；或者在某些情況下，我們會做出這個想法不可行、不要繼續下去的結論。

接下來，會發生什麼事？

如果聽到好故事，我們想知道接下來會發生什麼事。有一系列的事正在展開，我們會希望看到結局。當你問「那看起來會像什麼樣子？」你就是在思考一系列的行動，以及事情會如何展開。有兩個問題能夠幫助你展開一項計畫：

- 接下來會發生什麼？
- 在這件事情之前，有別的事需要先發生嗎？

很多時候，你以為的第一步，其實不是第一步。提出這些問題有助於從多方面來建構出流程。你很快就會得到一系列的步驟，能把你的概念付諸實踐。在我上過的課或線上研討會中，我都會提到這個做法。這不只在一開始時有幫助，這也是我用來引導你完成整個過程的框架。

請試看看，拿一個你很棒的點子、需要解決的問題，或者你想要達成的目標，問自己「那看起來會像什麼樣子？」並看看自己能多快想出一系列可以使它付諸實現的行動。

用過去的成功當基礎

你過去的成功經驗是什麼樣子呢？無論是創業、找到工作、減重，經歷過哪些步驟呢？

請不要列出像這樣的事項：

- 我遵守工作倫理。
- 我就是這樣做。
- 我決定這樣做。

仔細觀察並透過以下角度來思考你過去是如何成功的：

- **意志力**：是什麼在一開始驅使你行動？是什麼讓你在那樣的情況下運用意志

力？

- **習慣**：有哪幾種習慣是你持續做，而導致成功的呢？
- **決定**：你除去了哪一些決定，來確保這個是你想要專心完成的事呢？

請再想多一點，讓我們回到五個元素：

- **規劃**：當一天開始的時候，我知道我需要做什麼。
- **有限的事項**：雖然我還有其他項目要做，我「今天」限制自己只能做這幾項。
- **有限的時間**：我有一個特定的工作時數。
- **時間的限制**：我大概知道每一項會花去我多少時間。
- **不受干擾**：沒有人在這個時段干擾我，我知道我不能分心去用推特或臉書。

如果把這五項元素再細分，就會注意到有三大類別：

- **時間**：五項當中有兩項是跟時數、時間限制有關。

- **選擇**：五項當中有兩項是跟選擇，以及專注於你所選的事情有關。
- **分心**：最後一項是消除分心的事物與干擾。

真正的祕訣來了。**請使用以上提到的架構，來描述哪些會在你的生活中起作用。**你每一天能夠完成的事情是什麼，又如何跟上述的五項元素結合。如果沒辦法完全結合也不用擔心，我只是希望你可以用這些類別去思考。

接下來，請挑兩件你希望改善的事情。以下是一些例子：

- 電子郵件：大量的郵件，花去我許多時間。
- 社群媒體：這是我工作的一部分，但我就好像掉進無底洞那樣，我為花掉的時間找藉口，認為自己「讀了一些有趣的文章」。
- 創業要做的事：我必須讓網站上線、設定電商系統、擬合約，還要想新的社群策略。

然後，請根據五個元素建構一個框架，說明你將如何解決這些問題：

- 規劃
- 有限的項目
- 有限的時間
- 特定的時間
- 不受干擾

看起來可能會像這樣：

羅伯的電子郵件架構

- 在我進行完早上心無旁鶩的兩小時之後，我首先會去查看電子郵件。
- 我會根據一批批寄件人回覆郵件（可能要先設定好）。
- 每次最多只花十五分鐘。
- 一天不要花超過四次，大概是上午九點半和十一點半、下午一點半和三點半。

● 規則：

- 電子郵件不是即時通訊，回覆之後就不用再去看。
- 如果花上超過兩分鐘，就是一項任務而不只是電子郵件。把這件事情列在清單上。
- 不要查看社群媒體、不要接電話（這項可能不適用於每個人）。

把空白紙放在旁邊，這段時間你還是需要專注，當有想法冒出來的時候，你可以把這些想法寫下來。

問自己問題

上面這個例子的要點是演示我如何以不同的方式對待我的電子郵件。我接受我是系統設計師這樣的角色，**我會把那套讓我在一天之始就很成功的架構運用在其他地方**。過去多年的經驗已經為你打好基礎，不只是在某一項領域的專業上，你還知道你怎麼做會成功、怎麼做會失敗。

舉例來說，如果你有小孩，你可能已學到一些能幫助其他新手父母的東西；如果你在一間機構服務多年，你可以幫新進員工熟悉環境；身為企業主，你可能經歷過一些起起伏伏，能幫助他人避免這樣的情況。你在過去的人生中一定有學到一些東西，讓其他人能從這樣的經驗中學習。在別人向你請教的時候，你會很樂意提供建議，或者在必要的時候給予協助。

那麼，有沒有什麼是你可以請教自己的呢？**你目前在尋求的某個建議，會不會是可以從你過去的經驗中找到答案的呢？**

你的問題是什麼？

現在是你遇到困難的時候嗎？你已經知道怎麼做了，或者是希望有人能幫你一把？有可能你已經知道要如何開始解決它了，如果有人遇到一模一樣的問題，向你走來，你會提供一些解決問題的方法。你的經驗、過去的成功或失敗都讓你學了一課，你知道怎麼做會成功、怎麼做會失敗。

你有一套使用的方法或模式，有些能幫助自己成功，而你也依賴這些方法，但有些會讓你困住，所以你知道要避開。因此，如果有人來找你，向你描述他的情況，你會給出什麼樣的建議？在你經歷過成功後，你會怎麼建議他們，用不同的方式解決這個問題呢？

跟隨自己的建議

給予他人支持很容易，但善用自己的智慧就不是那麼容易，可能是因為我們不喜歡這個答案或不相信它。我們在尋找建議的時候，首先應該嘗試去解決問題。我常驚訝地發現，當我停下來仔細檢視問題的時候，發現解答就在眼前，但我卻視而不見，因為我太專注於那些「不管用」的方法。

以下是個練習：寫一封郵件寄給自己，主旨寫：請求建議。把問題或難處寫下來，彷彿在向良師益友請教。然把信寄給自己。打開電子郵件，想像你是在回覆尋求建議的好友或客戶。如果需要的話，就用問問題的方式去釐清它。舉例來說：

嗨！羅伯，抱歉打擾你，但有件事想問問你的意見。我新事業賺的錢還沒有多到我能夠把正職辭掉，我覺得我好像盡了所有努力，但還是覺得蠟燭兩頭燒很累，好像沒辦法再繼續下去了。我覺得壓力很大，不知道下一步該做什麼。

如果你的朋友或同事寫一封這樣的信給你，你應該會有所回應。而且我覺得你也會想要問一些問題，才能夠更清楚事情的樣貌。

你可能會問他收入的來源、銷售的過程，你可能會想知道他到目前為止試過哪些方法。你可能會想問他的壓力來源，或他認為自己收入要達到多少門檻才能離開正職。你可能感覺到他就快被壓垮了，並幫他把事情拆解成幾個部分，以利逐一解決。

重點是，你會花一點時間幫助他。你可能會排出時間，打通電話或一起喝杯咖啡，幫他釐清問題，提供他接下來可以怎麼做的建議。即使你給的建議可能沒辦法解決整個問題，也沒關係。因為這樣做，能夠讓他重新檢視問題。提出問題可以讓他更清楚看到自己有的選擇，並使他能更好地做出下一步該怎麼做的決定。

我們也應該給自己同樣的時間與關注，我們必須用同樣的方式對待自己的需求與挑戰。如果我們能給別人有用的建議，為什麼不能相信自己呢？我知道你有這個能力，所以不要害怕問問題。更重要的是，要確保你去做你告訴自己該做的事。

反思實踐

提出對的問題很有幫助，但什麼是對的問題呢？我很高興你想知道，我告訴你一個簡短的答案。**對的問題，就是那些你問了之後，得到的答案能推動你去努力做得更好的問題**。我知道這似乎有說跟沒說一樣，但這百分之百是正確的。在我們能夠問自己對的問題之前，有必要先了解一下身為大人是如何學習的。

杜威鼓勵透過反思來學習，他指的就是大人的學習。在小孩的世界中，是透過行為來學習，而大人則是藉由反思做過的事，從經驗中學習。反思實踐是由唐納德．尚恩（Donald Shon）於一九八三年所提出，比杜威晚了五十年。在不同的應用情況下，反思實踐的定義有許多種。就我們的目的，我將使用以下的定義：

> 在反思實踐中，實踐者經歷了持續自我觀察與自我評價的循環，以了解自己的行為及其所引發的反應。其目的不是為了解決某個特定的問題，而是持續地觀察和修正實踐[14]。

我們可從這段定義中看到幾個重點：

- **持續的循環：**定期並持續花時間檢視你的工作與反思。
- **非特定：**目標並不是要解決某一項特定的問題，而是觀察、修正實踐。以我們的目的來說，這非常有助於讓你變得更好。

生產力大師像是戴爾・卡內基（Dale Carnegie）、史蒂芬・柯維（Stephen Covey）與大衛・艾倫（David Allen），他們的策略都包括花點時間做「每週檢討」（艾倫），或者「不斷更新」（sharpen the saw，柯維）。

我認為**這是為刺激與反應之間創造空間，並將你的注意力轉移到重要事情上的重要工具**。但挑戰在於，接受這樣的前提是一件事，能夠付諸實踐則是另一回事。我最喜歡問「那看起來會像什麼樣子？」對你來說，你覺得反思實踐看起來是什麼樣子呢？

我的反思實踐

「很順利」、「課很棒」、「很有幫助，謝謝你」。這是我帶完團體工作坊的時候得到的回覆。課程的確很順利，我知道我提供的資訊很有幫助，而且大家會帶著不錯的收穫與想法回家。我離開教室，在開車回家的安靜時刻，他們的話與回饋卻變得有點空虛。我開始發現自己其實做得不是那麼好。

這種情況下，我的建議是不要太過於自我批評，只要感謝你得到的正面評價，但也不要過分看重它。在帶有一點距離的地方，獲得一些觀點並進行評估。那我們要如何運用反思實踐，讓自己變得更好呢？我們要如何接受這些正面的反應，同時承認自己的缺點，但又不會在任何一邊花過多力氣呢？

我們在評估自己表現的時候，傾向用二分法來進行內在對話。我們大致會把重心放在兩個問題：我有做錯什麼嗎？我有做對什麼嗎？而且，我們會不成比例地將心力放在我們做不好的地方。我們認為（而這也不完全是錯的）如果我們能改善缺點，把錯的地方補正，我們就會進步。

就像我說的，這樣想並沒有錯，我們的缺點值得關注，我們的錯誤需要去調整。然而，我們想找的怎樣才能變得更好的答案，很少出現在錯誤或不管用的經驗上。**你應該要去問「有什麼地方是做得好的呢」？而且更重要的是「為什麼」？以及「我要如何去複製這個經驗」？**

我們必須停止仔細檢視我們的失敗，了解自己失敗後，就放下它吧。我們必須把心力放在做得好的地方，知道成功看起來是什麼樣子，並去了解我們要如何去複製這個成功經驗。

奇普．希思與丹．希思（Chip and Dan Heath）這對兄弟，在《學會改變：戒除壞習慣、實現目標、影響他人的9大關鍵策略》（*Switch: How to Change Things When Change is Hard*）一書探討改變這個主題，更精準地說，如原文書名所示，在不易改變的時候做出改變。

書中提到，我們往往偏好去研究問題，而不是去研究解決方案。我們的大腦善於發現問題，尤其是當我們朝著一個目標努力時，我們可以找出各種做錯的地方，可能因此使自己困在一個自我批評、自我貶低的循環中，但我們並不會用同樣的方式貶低別人。希思兄弟不只是提到個人的改變，還有文化上的巨大改變，他們關心的不是大多數人沒做什麼，而是一小部分成功人士所做的事，也就是「亮點」[15]。

強調什麼是成功的例子、成功者的行為與方法，可以讓改變變得更容易。如果你在找工作，你覺得閱讀一份不該做什麼的清單比較有用，還是去學習那些成功找到工作的人的方法比較有用？如果你想改善體態，你覺得要讓教練指出你跑步或游泳的姿勢不正確，還是教你正確的姿勢，並要你照做呢？

回到前面工作坊的例子，大致上來說，好像都很順利，但我開始感覺到，我好像沒有用我想要的那種方式來傳遞資訊。反思後，我想到有些資訊的傳遞不是那麼成功，觀眾也沒那麼投入。雖然大部分的人學到了一些有用的東西，但這可能無法為他們未來的行動帶來改變，而這其實是工作坊的目的。

你可以發現，我專注在我做得不好的地方。我再說一次，這並沒有不對，但這沒解決我的問題，也沒辦法讓我在下一次能進步或改變我的做法。如果**轉變為尋求進步的觀點**，從這角度來看會發生什麼事呢？

- 有哪個部分是做得不錯的？
- 你做了什麼或說了什麼？
- 你注意到觀眾有何反應嗎？
- 你覺得為什麼會很順利呢？

這些問題的用意，是要幫我辨認出做得好的地方，好讓我在未來能夠複製操作。我們用這個架構來反思一下：

- 有哪個部分是做得不錯的？我發現，當我對內容最熟悉的時候，就能夠跟觀眾有最多的連結。
- 你做了什麼或說了什麼？一個星期之前，我向另一群人也講過一樣的內容。我講得很仔細，提供了幾乎手把手的教學。
- 你注意到觀眾有何反應嗎？在那些時刻，觀眾更投入、問更多問題，在我（以及別人）分享的時候做筆記。在我分享個人經驗來解釋新觀念的時候，觀眾通常更專注也更放鬆，試著理解所聽到的資訊。

如果下次我要再講一次樣的內容，我會：

- 複習並準備新的資料。
- 使用最能夠引起共鳴的架構，包括概念、能夠讓概念更鮮明的個人經驗、手把手的步驟。

在反思實踐當中，我會把重點放在詢問有哪些地方做得不錯。為了更能了解我的行為會造成什麼影響，我會問一些觀察性的問題，像是我說了什麼或做了什麼、我注意到觀眾的反應是什麼，以及我認為哪些地方做得很好以及原因為何。

透過這樣的方式，你就會得到一個簡單的架構，以及下次可以使用的計畫。我們來回顧一下重點：

- 為了要進步，我們必須問能讓自己變得更好的問題。
- 為了問對的問題，我們必須保有時間與空間。
- 養成反思實踐的習慣，我們就能檢視自己的表現，這對成長來說非常重要。
- 我們傾向於用二分法來思考（哪些地方做錯、哪些地方做對）。
- 我們花太多時間研究失敗。
- 將注意力（與問的問題）放在成功的經驗上，我們就能得出一個架構，讓我們在其他地方也能複製成功模式。

當自己的助理

優秀助理的價值自然是不在話下，若有人協助你準備，在你需要的時候立刻提供資訊給你，會讓你的生活跟工作都輕鬆許多。如果你獲得這樣的協助，你的上班日會有什麼不一樣呢？

在大型組織或政府高階主管旁的祕書，最常講的話應該就是「您今天與某某人要開會」或「長官，這邊請」。他們的行程通常是預先排好的，要去的地方與目的地也是預先決定好的。他們不需要思考太細節的內容，而是將時間留給重大的決策。

我知道很多人排斥把一天的行程都安排好，但這不就是我們很多人每天遇到的問題嗎？我們說自己很忙，但我打賭，我們其實言重了。我們面臨的主要問題是做決定與分心；也就是我們不知道下一步該做什麼，以及要把注意力放在哪裡。

對我而言，如果有人能夠幫我把行程都處理妥當，我應該會輕鬆許多（雖然也有可能責任更重大）。想到有個助理能夠幫我準備好我一天需要的資訊，並加在我的行事曆裡，這十分吸引我。像是出差資訊、會議筆記、聯絡方式，以及業務的聯絡清單，寫清楚該打給誰、他們的電話號碼與這些人資料。所有的事情都依序列出來，好讓我在一天之內能夠完成一件件重要事項。而且下班的時候，發現我確實做了那些自己希望做的事，覺得很有成感。聽起來很棒吧？

雖然我們可能沒有像這樣的助理，不過我們還是能夠從中學到一點訣竅：

在必須做決定之前就做好決定

我盡可能在生活中消除不必要的決定，所有那些要穿什麼、吃什麼的瑣碎細節，都會妨礙我們做更重要的事。提前決定，確保我所需要的一切都準備好、已就緒，就能有個順利的早晨。

填滿你的行事曆

我的行事曆沒有滿滿的會議或要打的電話，但為了更謹慎利用時間，我會把一整天的時間都安排好。我也會在休閒時間安排好行程，以確保能夠更妥善運用，像是安排小憩一下，或者在一天當中出門散步。這比完全沒有安排，而只是隨意的瀏覽網頁、滑ＩＧ好太多了。

利用現有的工具

你可以在電子郵件設定一些過濾的機制，把收到的信件分到不同文件匣。花一點時間設定好，你就能夠在每個文件匣中獲取所需要的內容。你可以在行事曆上記上地點、聯絡方式和會議備註，有了這些資訊，就表示你不用在打電話的前兩分鐘，才在收件匣裡找電子郵件或電話號碼。

你可以想像一下，如果你有個助理，會希望他幫你準備些什麼。在你有需要的時候，什麼樣的資訊是最有幫助的呢？如果所有事情都一一列好，那你的一天會像什麼樣子？我是認為這樣一來，**就能把注意力集中在最重要的地方。**

反思實踐的具體做法

我是在貝拉擇爾頓接觸點中心（Brazelton Touchpoints Center）[16]正式學習到反思實踐。在那樣的情況下，反思實踐是用來持續整合、深化接觸點方法（Touchpoints approach）的應用。若將其運用在工作上，可以用來改善你的方法以做出更好的決策。

方法與實踐

這是一部分的方法和一部分的實踐。這個方法能讓你建立出支持你工作的架構，也就是你如何「把成功放在眼前」。這可透過兩種途徑來實踐：

- **在每天的工作和生活中：**使用你建立的架構來支持你在生活各方面的決定。
- **在準備的時候：**養成預先規劃好隔天行程的習慣。

我們跟運動員、音樂家、演員或其他表演者不一樣，我們並不是為下一場比賽或表演做準備。我們沒辦法悠哉地認為，我們今天的實踐是在為某一件事情做準備，除非我們是真的有要為什麼而準備。

工作就是實踐

運動員每天都在工作，他們在運動場、游泳池或健身房工作，好在需要的時候能表現出該有的狀態。他們自己或教練會替他們擬定一個架構，他們實施那些會讓他們成功的例行訓練。

他們做這些訓練，就是在架構底下工作，他們也會在腦中記下哪些有用、哪些沒有用，以及需要調整的地方。他們的工作就是實踐。他們每天做的訓練，就是作為一名運動員「工作」的一部分。在工作的時候，他們會記筆記、產生一些想法，有些時候也會反思下次要怎麼樣做才能變得更好。有時候，他們或教練會檢視這些筆記，並加以調整，替明日訂出新的計畫。這聽起來很熟悉嗎？

我們要專注在成功，以及我們做得好的事情上。**我們不要埋首於失敗中，而要專注於建立有效的方法，因為這能夠帶給我們前進的力量。**只要問自己這個問題：「以前我試過什麼成功的方法呢？」這就是反思實踐的一種形式。知道這一點後，我想要向你指出，你是如何已經在進行反思實踐了。

反思作為準備

最簡單的反思實踐的做法，就是在一天結束後，替隔天做好準備。**花一點時間檢視自己當天完成的事，並寫下隔天的計畫，這就是「把成功放在眼前」**。每一天，我都用兩樣工具來幫我做到這件事：日程表與清單。我結束一天的流程很簡單：

- 拿出一張新的日程表。
- 在最上面寫上「成功＝」。
- 為我計畫的兩小時安排三件事。
- 「成功＝」就是第一要務。

接下來，就是列出清單。上面列著我們每個人都有的許多待辦事項。我把這些都列在紙上，我不會用軟體來管理，我用紙。每天我會用手寫的方式，把日程表填滿。如果當天有未完成的事項，我就會移到隔天，再謄寫一次。

這個方法很簡單，但很有效。如果你同樣的事情寫了好幾遍，你就會把這件事情列為優先事項，或者會覺得沒有必要而刪掉它。這樣一來，**每次我寫日程表，我都是在進行反思實踐，強迫我重新思考其重要程度。**

記得空白紙

我之前提過，這是一項很重要的工具，讓我能夠整天都保持專注。我在一天當中，把空白紙當作捕捉思緒的方法。我在進行某項事情或寫作的時候，我把會那些突然冒出來、把我的注意力帶往他處的想法寫下來，有時候那只是我必須要記得的事。而這也是我反思實踐的工具之一。

這些是改進我的系統或方法的想法來源。我會快速紀錄一些新想法，雖然我無法讓大腦停止運轉，但我可以按耐住讓思緒跳到別的地方的衝動。**在當下，我先將它們寫下來，當我重新檢視的時候，就是在反思實踐。**

這最好能夠在一天進行兩次。第一次，就是在全心專注的兩小時結束後。當然，可以先休息片刻。如果在那兩小時之內，我突然想到要加進日程表的事情，我會先把它記在空白紙上。第二次，就是在一天結束後，要替隔天準備的時候。我會把這些紀錄寫在日程表上，或者先記下來留待日後使用。這個工具就是反思實踐的簡單架構，能讓我們重新檢視、反思、替隔天做準備。

問問自己，傾聽答案

反思實踐的概念很重要。如果有個教練的話，就能夠協助這個過程，我則是透過反思實踐的方式來當自己的教練，為自己打造出個人的、持續的、每週的反思實踐。現在，先做簡單的就好。給自己一點時間，在一天結束的時候反思、做準備。我保證，一旦你開始由小做起，你就會想辦法做得更多，並付出更大的努力。在指導自己的過程中，請記住以下幾句話：

- 那看起來會像什麼？
- 在過去那看起來像什麼？
- 為什麼那樣做會成功？
- 為什麼那樣做會失敗？
- 什麼是我的阻礙？
- 我首先應該要做什麼才能成功？

請問問自己這些問題，並傾聽答案。

評估、捨棄與優化

榮恩．互德（Ron Hood）是我工作以來，一起工作最久的人。最一開始，我在一個非營利組織工作的時候請他來上班。他負責招募、審核、面試與配對參加美國大哥大姐會（Big Brothers Big Sisters of America）[17]計畫的高中輔導員與國小生。

榮恩遵循著他的系統，在很多方面，他看起來非常得心應手。我知道這不是天生的，他很努力。但是為了降低難度，他花了一點時間設定系統，讓他能更輕鬆。我從他身上學到很多，特別是在如何評估、捨棄與優化上。

每年九月學年開始的時候，有許多招募輔導員的活動。新生入學後，會有新生說明會、加退選課以及班親會。榮恩會參加這些活動，擺一張桌子，介紹他的學校輔導計畫。榮恩很重視自己的時間，討厭把時間花在徒勞無功的事上。所以，他每到一個新學校，他會投一張網，評估成效、揚棄失敗的做法，再優化調整方法。

評估

想像一張桌子上面放著高中生輔導員與小朋友的照片，一碗免費的糖果，還有介紹這項計畫的手冊、激勵人心的故事、統計數據與申請表。你想像得到高中生可能會經過，問一些問題，拿一些資料，或甚至拿申請表。其他承辦人員會根據碗裡面剩下多少糖果，來評估當晚的表現。他們開心描述跟「非常多」高中生談過，而且嗓子也啞了。看到桌上的手冊跟申請表都所剩不多，他們就覺得當晚還算成功。但榮恩不是這麼想的。

榮恩不一樣。榮恩很喜歡這項計畫。他喜歡跟可能成為輔導員的人互動，但他也認為自己的時間寶貴。榮恩會根據四項簡單的指標，來評估成功程度：

- 有多少學生拿了申請表。
- 有幾份申請表在時限內交回。
- 有多少應徵者前來面試。
- 有多少面試者成功配對。

他在每個學區的每一場活動，都會追蹤這些指標的結果。他會把這些數據簡單記在試算表上（後來這份資料越來越複雜，但那是另一個故事了），將這些數據留著備用。在接下來的學年當中，榮恩會訓練輔導員、指導配對成功的小組，專心輔助每一對配對的學生，發展出穩固的關係。

捨棄

在學期末計畫結束時，榮恩就開始分析。根據每個專案的四項數據，他能輕鬆看出哪些對他來說最成功，然後乾脆地捨棄掉那些不值得花時間的項目。在下個學年，他就能重新把他的心力聚焦在能帶來最好成效的活動上。

這很簡單，也很有道理。不過他是團隊第一個，也是唯一一個採用這種方法的人。別人似乎認為這樣太費工。替每份申請表編號，寫下每一位拿申請表的學生名字，追蹤這個人是否送出申請，還要看他們是否通過資料審查、面試與配對結果，好忙啊！

要做的事很多，但因為他**建立了一個系統**，他評估、捨棄、優化，他減少時間在沒有產能的活動上，因此就有更多時間做別的事。相較於其他人花許多時間在各種活動上，卻對去年的成效所知甚少，甚至不知道那些事值不值得花時間，榮恩則是：

- 指導的配對學生比別人更多。
- 募得的私人捐款比別人更多。
- 募得的捐款組織的金額是別人的兩倍多。
- 獲邀成為聯邦資助夥伴。
- 為他的輔導員提供免費巴士。

優化

榮恩也非常會做筆記，每個學年他都會做這樣的筆記：

- 需要在申請表上增加的項目。
- 希望能追蹤每所學校的配對時間。
- 在面試表格上增加問題。

我最佩服的是，榮恩不是立刻做出什麼大改變。他會收集資料、做筆記，觀察系統運作一段時間。他相信自己建立的系統，並讓它能運作。他可能在這邊改變一點、那邊改一點，而不是從系統最核心的部分大改特改。依據他收集的資料與做的筆記，在下個學年開始之前，他的系統會做出必要的改變，好讓他的工作更有效率、成效更好。

很多時候，我們會在過程中做出改變，但沒有全面了解它的後果或這會帶來什麼影響。我們會因為系統好像不順暢而調整，但我們是靠什麼來評估的呢？我們是如何使用資訊來評估的？我們怎麼知道要捨去什麼、增加什麼？

評估、捨棄、優化，看起來像什麼？

老實說，我們不是每件工作都像榮恩那樣有「從應徵到配對」的具體評估。也就是說，我們常常並不重視評估，而只是可能重複以前的行為或沿用舊方法，因為那些已經成了習慣。

想一想這個問題：你還是沒辦法在每天早上花兩個小時「把成功放在眼前」嗎？

評估

跟你想的可能相反，榮恩的故事並不是剔除失敗，而是**找尋成功，並利用成功的地方，來壯大自己的系統**。去花時間剔除無效的方法，還不如將時間花在有效的方法上，他根本無暇顧及無效的方法。這並不是陳腔濫調，我看過榮恩這套工作模式成功的樣子。

如果你已嘗試過兩小時專注工作這個方法，請先擱置你覺得無效的部分，並把焦點放在對你有效的地方：

- 有哪幾天這個方法成效特別好嗎？為什麼呢？
- 你能專心、不間斷工作的時間平均是多久呢？四十五分鐘、六十分鐘，還是九十分鐘？
- 關於在前一天先排定好兩小時要做的三件事，你做起來覺得如何呢？你是否覺得哪幾天的成效比較好？
- 當你這樣做了，有獲得更多成功嗎？

你對於「有效的方法」的評估結果，可能會像這樣：

- 在兩星期，也就是十個工作天當中，我有六天能夠排出一段專注的時間來工作。
- 每一次我大概可以專注六十分鐘，每次能夠完成一到兩個工作項目。
- 如果我在前一個晚上提前決定好要做的事，我就能有一個更順暢的開始，而且能工作更久。有時候我會一早開始花十到十五分鐘規劃，再開始，但還是前一晚花十分鐘來規劃的效果最好。

從這個例子來看看你實際上做到了些什麼吧。在工作天的大部分時間，你一起床，就迎來一個有規劃的六十分鐘，能完成好幾件工作項目，或者讓它們有所進展。

我之所以會從你的成功處著手，是為了提醒你，這確實以某種形式起了作用。**我們無法避免去審視失敗，但看看自己成功的地方，有助於把焦點轉移到如何將成功最大化。**

我們再來看看你為什麼沒辦法每天都這麼做的原因吧，可能是因為：

- 我沒有總是在前一天晚上事先規劃。
- 我起床，用手機檢查電子郵件，就被別件緊急的事情拖住了。
- 我出自習慣打開瀏覽器，點開臉書，兩個小時後，我對三十七則貼文按了讚，看了兩個無聊的影片（常常發生）。

你為什麼無法做滿兩個小時呢？

- 我實際上只花六十分鐘就完成三件工作項目。我真棒！
- 工作中遇到干擾，或者我用手機檢查電子郵件，就被別件緊急事情拖住了。
- 我出自習慣打開瀏覽器，點開臉書，兩個小時後，我對三十七則貼文按了讚，看了兩個無聊的影片（又發生了）。

你為什麼無法在前一晚事先規劃呢？

- 我必須開會，然後得趕回家。

- 我不知道要把規劃寫在哪裡，或是我沒有規劃的表格。
- 我忘了。

以上所有的答案，其中大部分都與先前提過的三個核心要素有關：

- **意志力**：當我們嘗試新事物但失敗的時候，通常會覺得是意志力的問題，但也不全然是。畢竟，你也希望自己越來越好。我之所以知道這一點，是因為你已經讀到這裡了。
- **習慣**：這就是你需要架構的原因。為了養成習慣，你系統裡的架構必須支持著你。如果你每天都需要找牙刷與牙膏，你就會覺得沮喪，意志力會漸漸削弱。但你會把牙刷與牙膏放在杯子裡，或者掛在洗手台旁邊。這三件要素（意志力、習慣、決定），加上浴室是你早上最先踏進的地方，就是你養成習慣的架構。這就是你為了要刷牙而「把成功放在眼前」。你一天開始的兩小時會出問題的原因，可能就是你的架構還不夠穩定。
- **決定**：你是否還是有太多選擇要做？用刷牙的例子來說，早上的洗手台沒有太多其他選擇。所以（這裡就是你開始評估的地方），在那兩個小時當中或兩小時之前，你有注意到自己做了什麼導致你無法按計畫利用它們？你還是會被手機吸引、檢查電子郵件嗎？你還是會打開一個充滿分頁的瀏覽器嗎？你的腦袋是否開始亂想，在想你忘掉的東西，然後把你拉到別的方向呢？

捨棄

你會把什麼丟掉呢？以這個例子來說，你要試著丟掉舊習慣與干擾。你要試著丟掉那些像黑洞般吸走你的時間、讓你無法好好表現的東西；你要試著消除決策與分心之物。

- 不要把手機放在床旁邊，我才能拒絕每天起床第一件事就檢查電子郵件。
- 不要使用瀏覽器。如果我在那兩小時一定要用到的話，就一次只開一個網頁。
- 不要使用手機。這就是為什麼我用語音信箱。

優化

來看看你還需要微調的部分，並從你成功的地方再次開始吧。

- 要怎麼做，才能讓你從成功實行六天，進步到成功實行十天呢？就先從六天進步到七天開始吧，只多一天並不難。畢竟，你大多數的時間都已經在這麼做了，對吧？
- 要怎麼做才能讓你從六十分鐘進步到七十五分鐘呢？我知道有幾天，你會在早上先花十到十五分鐘決定你要做的三件事，而不是前一晚先決定好。這就是說，在某幾天，你確實已經花了七十五分鐘，只是這七十五分鐘內有做一些別的事。
- 要怎麼做，你才能持續前一晚的行動呢？你已經知道前一晚花上十分鐘，對隔天會帶來什麼效果了。
- 要怎麼做，才能降低干擾跟決定呢？記得那張讓你紀錄干擾思緒的空白紙。我還是覺得這是我最有用的工具。如果我先把思緒記下來，我就不會去檢查電子郵件或拿起手機。你可以試著不要在心裡想著「只要一分鐘就好」，或「我不現在做，就會忘記」，如果你把它們寫下來，就不會忘了。

如果你嘗試過這個兩個小時的方法，而且對你來說效果很好，恭喜你！你可以找出「把成功放在眼前」的下一步，並建立起架構。

如果你還沒有試過，把評估、捨棄、優化系統納入三件事當中吧。**評估、捨棄、優化的另一個說法，其實就是反思實踐**。我們所做的任何工作，都需要進行一定程度的持續反思，才能從中學習並提高效率。

卡內基提到每週反省，柯維的習慣是「不斷更新」，我還能列出更多例子。接下來幾週裡，請在你的工作上找到像這樣的機會。你能夠在哪裡找到時間反思和學習呢？

那看起來會是什麼樣子？

在每一週安排十分鐘，回想最近的一次經驗，可以是一場會議、一次互動、一場發表，甚至是運動。

- 哪些部分進行得很順利？
- 你做了什麼或說了什麼？
- 你有特別注意到什麼嗎？
- 你覺得進行順利的原因是什麼？

利用這個成功的案例，可以打造出簡單的三步驟成功架構，你在下次或在進行類似事項時就可以使用：

為了成功的＿＿＿＿，我必須：

1.
2.
3.

你已經知道達到成功的所有答案。你知道哪裡做得好，也大概知道原因。

同樣地，你也知道哪裡做得不好。我們總是能夠列出長長的清單。有許多是像這樣的句子：

- 我沒有……
- 我應該要……
- 我沒辦法……

問問自己哪裡做得好，將得到的答案放入你的架構中，你就會知道：

- 你有過成功的經驗。
- 你知道要怎麼做才能再次成功。

花一點時間傾聽自己。只要你問到對的問題，就可獲得能讓你變得更好的

答案。但答案並不是隨時就能出現，這不是什麼完美的公式，一問就能得到正確答案。提問只是這過程的一半，我們必須傾聽，才會得到答案。如果你不這麼做，可能就無法得到你在找的成功。如果你不這麼做，你可能會重複舊的行為模式。

你要**利用你的成功來推動你前進**。一開始並不容易，你可能會有點笨拙。而最困難的部分，就是要相信腦中回答問題的細小聲音，那個聲音會給你值得考慮的答案。但首先，要給自己同樣的關注，就像有朋友請教你意見時那樣。畢竟，你知道自己言之有物。

重點聚焦

- 我們可以去設計環境和經驗，幫助我們進行選擇，並將注意力集中在我們選擇的目標上。

- 「那看起來會像什麼樣子？」這個問題能幫助我們架構出需要的步驟或行動，把概念付諸實踐。
- 將注意力放在成功的經驗上，我們就能得出一個架構，讓我們在其他地方也能複製成功模式。我們無法避免去審視失敗，但看看自己成功的地方，有助於把焦點轉移到如何將成功最大化。
- 反思實踐是為刺激與反應之間創造空間，並將注意力轉移到重要事情上的重要工具。
- 利用評估、捨棄、優化，來打造自己的系統。

PART 3
服務你的系統

5 小—大—小

六〇四八英里

CBS的《週日早晨》（*Sunday Morning*）曾經報導比爾·黑爾姆賴希（Bill Helmreich）的故事。黑爾姆賴希是紐約市立學院的社會學教授，出過一本書叫做《無人知曉的紐約》（*The New York Nobody Knows*）[18]，詳細記載了他走遍紐約市每一個街區的過程，總共是六〇四八英里。

他的靈感來自一個以前跟父親玩的遊戲，叫做最後一站。他們會搭到地鐵的最後一站，下車，在附近走走；下一次，就是倒數第二站，然後再往前數。這就是他認識他住的城市的方法。

六〇四八英里看起來像什麼？

六〇四八英里聽起來很多，而且也真的很多，黑爾姆賴希花了四年才走完。他說他一星期會走三〇英里，一個月大約是一二〇英里，或者一年一五〇〇英里。我算了一下，差不多就是一天四．二八英里。我們算得再更清楚一點，一個人平均一小時能走三英里，也就是說黑爾姆賴希一天大概走一個半小時。

六〇四八英里真的是讓人讚嘆的壯舉，我無意貶低他的成就，但他其實不過是一天只走了一個半小時。節目一開始，便強調這是一個有人走遍紐約市六〇四八英里的故事。為什麼呢？因為這比說「有個人一天走一個半小時還出書」來得震撼。

一個半小時看起來像什麼？

對黑爾姆賴希來說，就是走路。他九十分鐘的路途成為一趟冒險，每個街區都有新角色上演不同的故事，景象和聲音都在變化，每個社區都有獨特的魅力。

我不知道你是否能夠想像四年後的計畫，我們有時候無法想像超過幾週之後的事。但不管是四年或四週，每天總有一些事情需要做。你一天只要花一個半小時，就有可能改變你的人生。黑爾姆賴希教授出版了他的書，出版社便委託他再寫五本，也就是紐約每個行政區各一本。我想這表示他要走更多路，即便有些路之前已走過。

他的成就最讓人印象深刻的是他**每天持續進行**。每天都朝著大目標邁出一小步並不容易，尤其是目標看起來還很遠的時候。每天花九十分鐘做一樣的事，可能沒什麼特別，但走了六〇四八英里就很特別了。可能也有一樣的事在等著你。**你的目的地在哪？更重要的是，你今天要怎麼做，才能帶你抵達目的地？**

從你現在的地方開始

在一封發給小型創業家聚會新成員的電子郵件中，有位新成員提到我們在Slack群組的對話。我們之前在Slack已經聊過很多，她不確定要怎麼跟得上所有的聊天紀錄。我的建議很簡單。不要回頭看了，只要從你現在的起點開始。我給了她幾個建議：

- 自我介紹。

- 有需要的時候尋求幫助。
- 可以的話就伸出援手。
- 一直重複以上幾點。

我很確定的是：

- 別人會向你自我介紹。
- 別人會回答你的問題。
- 別人會感激你提供的協助。
- 你將有機會學到新事物、認識新朋友、幫助別人或受到別人幫忙。

這就是運作的原理。不管你錯過或沒錯過什麼，那都不重要。你可以隨時加入，讓討論的內容繼續發展。

我們所有人都會覺得自己好像沒跟上，總是有人因為他們進度落後而向我道歉。通常會這樣講：「我知道你們說要做×，但我還沒開始做。我知道我應該這樣做，但是我……。」我們在工作上可能都會忽略掉一些地方，我們被各種選擇淹沒，我們覺得自己好像做得不夠，或覺得如果能早一點那麼做就好了。當然，如果我們每天晚上都能躺在一袋袋的紙鈔中入睡，而不是躺在從賣場中買來的枕頭上，我們能做的事應該會完全不一樣吧。

請就從你現在所在的位置開始。你做的事情，就是事情的本質。只有你眼前的選擇能夠讓你往前進。事實上，**當我們花太多時間思考過去做了什麼或沒有做什麼，會使我們無法去做現在該做的事。**

我與事業夥伴布羅根一起主持一個每月舉辦的線上研討會，在某次會議中，他定義了「顧客經驗中的五項檢查點」，很多參加的人都對第一個檢查點很有興趣，想了解更多，但也有其他人對第二或第三個檢查點有興趣。這都與他們所站的位置有關。

請不要擔心你沒做什麼，或者你錯過了什麼，只要從你現在所在的位置開始就好。那麼，你想要做什麼呢？你要從哪裡開始？

當行事曆被打亂

生活中難免會有一些不在常軌上的事發生，這是常有的事，我們可能也知道原因。但知道並不代表就能神奇地改變現況。

我們家在六月通常是最忙的。學年結束了，也就代表有許多活動、慶祝會，這些活動打亂了我們的行事曆。但我們會調整，讓事情能順利進行。我們把時間花在需要的地方，一直到生活又再度平穩下來。簡單的說，就是我們找到了方法。

但時間從哪裡來呢？如果我們原本就已經很忙了，又出現打亂行事曆的行程時，要怎樣才能把所有事情做完呢？我們要如何每次都知道該怎麼做？在這種時候，緊急程度會幫我們決定優先順序，而有些「意料之外」則會吸引我們的注意力。有時它值得我們注意，有時則完全不值得。

依照緊急程度行事，並不全然是壞事。就結果看來，我們身處壓力之下可能會表現得很出色，我們能找到讓一切順利的方法，甚至結果讓我們驚豔。但**持續在急迫的環境下運作，可能會讓我們失去控制權。我們永遠處於一種等待反應的狀態，刺激與反應的空間縮小，以至於我們的注意力被分散。**

我現在必須去做什麼？

這句話在很多時候能幫我節省時間。如果一直有活動或干擾出現，讓我力不從心時，我會停下來，吸一口氣，問自己這個問題。如果有新的專案進來，讓我開始擔憂我有很多事情要做時，我會停下來，吸一口氣，問自己這個問題。當我發現自己在為工作或家人擔心焦慮時，我會停下來，吸一口氣，問自己這個問題。

每一次，這句話都讓我更沉著，幫助我思考我所感受到的緊迫性是否有必要，並幫我把事情依優先順序排列、給我觀點。當你清楚在工作上與私人生活中什麼是重要的，你就能在適當的脈絡之下，更輕鬆地看待意外事件。

如果你有計畫，遇到意外之事也無妨

當你以事先寫好的明確計畫開始新的一天時，如果遇到干擾的時候，會比較容易回到被打斷的地方，並繼續進行下去。

你的一天就是你的一週、一個月、一年

假設你設定了今年要為你的事業賺五十萬美元的目標。你的大腦中會開始想像擁有五十萬美元意味著什麼，還會想像在一年的辛苦工作之後，有人開給你一張大筆支票，於是你就得到五十萬美元。當然，你知道事情並不是這樣的。但認知到這件事，不總是能把我們腦海中的幻想抹去。就某些我指導過的客戶來說，這個對未來的想像蒙蔽了他們的思考，不管這個人有多聰明，或者經驗有多豐富。

我和夥伴布羅根常說「你的一天就是你的一週、一個月、一年。」老實說，我不確定這是誰想出來的，就當作是他想的吧。這句話的目的有兩層意涵：

- 讓你了解你**今天的行動（與做出的決策）**可能會影響到你一整年。
- 鼓勵你**展望你的一年，並定義成功**。

這時候很適合問「那看起來會像什麼？」但我會把這句話改成「一年之後的成功看起來像什麼？」或者「如果我們要開派對慶祝很棒的一年，我們要慶祝的是什

麼？」**展望一年後，是個很有用的練習，能讓我們找出希望達成的特定成果。於是我們就能將事情拆成較小的區塊，把行為調整到與目標一致。**

我們用一年賺五十萬美元為例。我們把它拆解為每月目標，每月必須賺四一六六六美元，一年才能賺五十萬美元。如果再細分，我們會知道必須每週賺九六〇〇美元，才能一個月賺四一六六六美元。於是我們就建立了一個每週約一萬美元的目標。現在，我們必須辨認出每天必須做的事，才能在這週與下週都賺一萬美元。

這聽起來可能過於簡單，但沒有錯，就是這麼簡單：如果你能夠辨認出你每天需要做的事，能為你一週賺進一萬美元；如果你也執行了，你就能一年賺五十萬美元。**挑戰在於要辨認出特定的行為，也在於持續每天、每週不斷執行。**

辨認出行為

如果你的工作是銷售，你的產品售價一千美元，你知道你必須每週賣十個，才能賺到一萬美元。假設你的成交率是四〇%。就代表你必須向二十五個潛在顧客銷售，才能每週成交十筆。照這樣來看，你一天需要平均向五個人銷售。

如果你的目標是五十萬美元，你知道一天向五個人銷售就能夠達成這個目標，現在你要做的事，就是心裡想著這個每日目標，決定你每天該做的事。**只要你每天採取的行動都與你的目標一致，就能成就你的一年。**

更多英里或一場馬拉松

對許多人來說，跑馬拉松這個想法可能很累人。但如果你的目標是一年之後跑馬拉松，你可以每天執行一些步驟來達成這個目標。你必須替這個目標訂下不同的面向，因為你了解營養、水分與補給都對維持最佳狀態很重要。你要做的並不只是運動、進行飲食計畫，而是要投入一場強大的持久訓練。

假設你的目標並不是要贏得獎牌，而是試著在合理的時間跑完二六．二英里。雖然你知道這會很困難，但你希望能夠感到舒適與自信。你不能只是跑步而已，而是要做訓練。做了一番研究後，你就能為準備比賽制定出一套計畫，而你的任務就是**好好遵循這個計畫**。

你知道比賽前最後兩週要減少訓練量，你應該在那兩週再往前的兩週時達到巔峰，也就是比賽前的一個月。你在計畫中寫著你每週要跑多少英里。再研究得更多，你會擁有一項飲食計畫和補充水分的計畫。你在每天開始之前，就在為一年後要跑的馬拉松做準備。床邊放一瓶水，有助於開始你的補水計畫。簡單的飲食（每天吃同一套符合營養標準的早餐與午餐）有助於你執行營養計畫。

前一天晚上制定計畫非常重要（包括準備好完成這項計畫所需的所有東西），接下來你就只要按表操課。**每一天，你都要替隔天做準備，並去完成這些項目。**

你的一天就是你的一週、一個月、你要跑的馬拉松。

羅馬不是一天造成的

約翰與道恩．格斯曼夫婦（John and Dawn Grossman）在東麻薩諸塞州開了一間叫霍利奧克鷹嘴豆公司（Holyoke Hummus Company）的餐廳。約翰是我認識最友善和親切的人之一，也是最足智多謀和勤奮的人之一，總是會為社區與家人付出。

許多客人對他做了什麼事才有辦法開餐廳一無所知，他們只知道又開了一間新餐廳，讓他們的午餐有了新選擇。我想我可以稍微與你分享約翰過去幾年的經歷。

- 約翰喜歡做菜。他自製的鷹嘴豆泥與炸鷹嘴豆餅，獲得親友好評。
- 有個朋友鼓勵他賣自己做的餐點，他受邀到小型的社區活動（當地的男子籃球聯盟）賣自製三明治，測試一下水溫。
- 約翰雖然只有一張摺疊桌、一個炸鍋，還有一些用品，但他初次擺攤就很成功，於是便再次受邀。
- 多擺了幾次攤之後，約翰決定開一台小餐車。他參加更多社區活動，也提供外燴服務，他請當地的藝術家設計商標。霍利奧克鷹嘴豆公司就誕生了。
- 約翰繼續試水溫，每星期四在一個地方開快閃餐廳。
- 小餐車的功能有限，他開始研究大台的餐車。
- 約翰找到完美的二手餐車，裝修了一下便上路了，將生意拓展到更多當地活動與外燴活動。
- 快閃餐廳與餐車都經營得不錯，約翰在霍利奧克市中心找到一間很棒的店面，那裡曾經是一家餐廳。他決定開一間霍利奧克鷹嘴豆咖啡。

我還省略了許多事情。他在試水溫、調整食物風味的時候也花了很多心力。他提供更多菜色、聘請員工、用IG與臉書來行銷，還有許多其他細項。我還要加一句，昨天是他原本正職工作的最後一天。在他經營的同時，他一直都在一間跟賣食物八竿子打不著的公司上班。他也有妻子、三個小孩，他總是會留時間給家人。

我對於約翰的故事有幾點想法：

有耐心

我們通常都沒什麼耐心。可能是因為我們沒賣過炸鷹嘴豆餅，我們認為應該能在一夕之間就能從自家廚房做菜做到開餐廳。約翰一步一步努力、測試、增加品項，在過程中一定也失敗過。他也很聰明，沒有在尚未準備好之前就「放手一搏」，而是繼續保有穩定的工作。

專注於眼前的事

當約翰在小餐車工作時，他一定想著有天要換一台大餐車或開餐廳。但比期待更重要的是，他仍然每天起床準備這台餐車。他備料、製作鷹嘴豆泥、參加一場又一場的活動，藉由提供人們餐點來壯大自己的事業。他透過與顧客建立關係、承諾提供美味的食物與服務，贏得更多客人。

知道在賣什麼、賣給誰

約翰的菜單很簡單。隨著時間過去，他的品項變多了，但他專注於重點產品。他不管在哪，都填飽周遭人的肚子。他不去擔心別的地方或別的餐廳在賣什麼。他服務那些為了他的餐點而排隊的人，邀請他們回訪，或者保持聯繫，讓他們知道他接下來會在哪裡擺攤。

但現在他都會在同一個地方了，他的餐廳就在市政廳對面，旁邊也有幾間辦公大樓，這個地點選得很好。恭喜約翰與道恩，我等不及要看下一步了。哎呀！反而是我開始太快期待下一步了。

每件事都是一個決定

這並不是誇飾。去看看你的桌子吧，我等你。

你看到什麼？讓我猜一猜。一疊紙、幾本書、一副壞掉的耳機、四支筆、未拆的信件、一張舊照片、沒寫完的筆記本、幾個資料夾、一本雜誌？

我還沒提到你的電腦桌面開了很多分頁、「準備下載更新」但你一直忽略的訊息視窗、未存檔的檔案，以及非常多的通知紅點？我就不提你手機裡的未讀訊息了，還有你電子信箱的狀態。

很熟悉嗎？你對此感到焦慮了嗎？

我列出的每一項物品（我知道我只列了一部分），都需要我們某種程度的注意力與決定。就算每天忽略這些東西，日子一天一天過去，也會消耗一些精力。因為每天大腦都會看到這些東西、意識到這些東西，但選擇去處理別的事。

稍微想一下。你還沒洗的碗盤、地上的襪子、訂了但一直還沒看的雜誌。這些都會吸引你的注意力，即便只是一瞬間，也迫使你去思考是要處理它，還是放任不管。每天要做的瑣碎決定可能有上百甚至上千個，你覺得累了嗎？你還在想為什麼你找不到時間去實現更大的目標嗎？

小的、有意識的、專注的行動能導致大大的成效。花時間拼一塊塊拼圖，能拼出整幅圖，我們都了解這樣的概念。畢竟，如果你先前沒有好幾個禮拜、好幾個月的持續練習，不可能一覺醒來就能跑馬拉松。

不過，有一些東西擋住了去路。事實上，**有許多小事情阻礙我們採取行動。我們必須面對這個問題。**

小

每個**小**決定都讓大腦變得一團亂。它們消耗你的能量，使你無法去做那些能讓你成功的大的、重要的決定。我說的不只是凌亂的桌面而已。我們會發現自己過了好幾個禮拜，還在想同一件蠢事。我們以為我們已做出了決定，但其實不然。我們讓自己一再落入圈套，沒有真正認知到我們可以做出更有效的決定。直到我們面對這個問題，並去解決它，才能有效地讓自己的注意力不再被分掉，而專心在更重要的事上。

大

去除掉阻礙你的那些小決定，就能清楚看到前方的路，找到**大**的、足以做出改變的機會。你可能大概知道那是什麼，你可能在某些時候寫下了一些遠大的目標。

你上一次感覺到這些目標很清楚、下一步在哪都很明確，是什麼時候？你上一次確信自己做的決定與採取的行動，正在引領自己實現目標，是什麼時候？

小

當你的大方向清楚了，就可以開始架構出最關鍵的行動。做決定突然沒有像以往那麼難了。你想要達到的長期效果，自然會成為你的優先選項，它引導並框架出你的每個決定與行動。

下一步就是依循你的計畫。決定都已做好了，行動也很明確，從**小**地方開始，相信自己每天的行動都是在成就遠大的目標。

每當你有點迷失的時候，就想著「小、大、小」

勾勒出清晰的大局

我朋友湯姆是緬因州中部一所小型高中足球隊的總教練。湯姆和他的球隊在過去的五年裡參加了四次州冠軍賽，並獲得了兩次冠軍。他們的狀態顯然非常好。

如果面對的是青少年球員，你可能會認為只要做好最基本的訓練就夠了。這很合理。因為只要每個人都能遵循教練指示，做到該做的事，他們應該就能成功。但湯姆的方法完全不一樣，他沒有把目標放在小的動作上，而是放眼大局，他將球員放到他的系統裡。在練習的初期，他提供球員大量的資訊，並慢慢向球員展示這些細節是如何連成一套系統。這樣做的結果十分出色。

他們先看到大局，就能了解系統是如何運作，以及每個球員的角色會如何影響比賽。最後，隊上的每一位球員都了解自己的角色，以及他們採取的小行動是如何導致系統的成功。

湯姆也不太擔心每個人是否都精準做好自己的部分，因為他知道他們了解每一場賽事的目的。他在意的是這些球員是否在對的時間出現在對的地方。因為球員理解了每一場賽事的結構、他們欲達成的目標，以及自己的角色，湯姆就能夠信任每一位球員，他讓球員能夠做決定、自行做簡單的調整，因為他們心中知道要達成的目標是什麼。

他獨特的方法，讓球員能在不同的時刻打不同的位置，並知道自己被期待做出什麼樣的表現。這就是**理解大局並採取與大局目標一致的小行動**的力量。

專注於目標可能有害

高爾夫球美國名人賽是我最喜歡的運動賽事之一。我尤其喜歡看延長賽，我喜歡看最強的選手互相比拚，看他們如何處理壓力，這非常引人入勝。

我認為我們**不應該關注目標，而應該把注意力集中在實現目標所必需的行動上**。這兩者之間有細微的差異，而這差異很重要。職業高爾夫球選手羅伊・麥克羅伊（Rory McIlroy）在二〇一七年的一場訪問當中，也強調了這點。

當時麥克羅伊在職業高爾夫球選手中排名第三，才二十八歲的他已經贏得高爾夫球四大滿貫的其中三項，只差高爾夫球美國名人賽[19]。他在只拿到讓人失望的第十名後，也誠實面對失敗：

我之前遇過一樣的狀況，在關鍵時刻沒能好好發揮實力，但我不覺得這跟比賽有關，而是跟我的心理狀態有關，我一直在努力對抗壓力與幻想贏得勝利之後的喜悅。我覺得這就是讓我裹足不前的原因[20]。

他的這段話至少包含兩項重要的元素：「我不覺得這跟比賽有關」、「幻想贏得勝利後的喜悅，就是讓我裹足不前的原因」。

麥克羅伊的準備工夫做得很紮實，例行練習也極為自律，每天苦練。他打得很穩，也對自己有信心。但就算是這樣，在名人賽的時候，他還是分心了。尤其是幻想贏得名人賽的那種喜悅，使他的注意力轉移到了**目標**，而不是**為了達成目標所需要的行動**。

對我來說，現在最重要的事情是什麼？

我經常問自己這個問題，這是我將注意力重新轉回到行動上的方法之一。我也有類似的分心困擾，我很會想像未來的事，我會迷失在Excel表單中，花好幾天忙著預測銷售與營收數字。問題在於，這些都不是真的，但我的大腦繼續鑽研其中。我會沉浸在思考若達成目標之後，我的事業或人生會變得怎麼樣。在那樣的時刻裡，我的注意力就被分散了，我沒有專注在那些達成目標所需要的行動上，因此更難達到目標。

美國名人賽中，要在四天內打出七十二洞。為了到達標準，必須打出二八八桿。

而冠軍丹尼．威爾利特（Danny Willett）打出二八三桿，麥克羅伊打了二八九桿，他們只有六桿的差距。

儘管麥克羅伊很勤奮自律、做了好幾個月的訓練，儘管他比賽打得很穩，儘管他在比賽之前打過上萬發球，帶他來到現在的位子，名人賽中的每一桿都很重要。我不確定麥克羅伊的心理狀態是什麼時候弱了下來，我不知道是在哪幾洞的時候，那種贏得比賽的幻想讓他失去專注力。但我確定的是，我們都能從他的經驗中學習。

我們都有目標，有些是簡單的目標，有些則是會改變人生的目標。我們在到達那個目標之前，都會走過一些路。**不管我們多努力、有多接近成功，或我們看到成功就近在咫尺，我們要專注的都是在這過程中所需要的行動，而非目標。**

把事情拆解成小塊

有許多證據顯示：

● 如果面臨過多的決定時，你通常無法好好做選擇。
● 如果有太多事情要做，你可能會應付不來而表現不好。
● 如果面臨太多選項，你會在權衡下做選擇，可能導致事後不滿，甚至憂鬱。

我念的是人類發展，擁有二十年研究學前教育的專業背景與經驗。我從孩子身上學到最珍貴的一件事，就是了解到**如何把事情拆解成小塊，以完成一項大任務**。我也教自己的孩子這項技巧，藉由這樣的方式完成一些他不是那麼喜歡但必須完成的任務。

最常見的例子，就是在我孩子年紀還小的時候，我就請他們收拾自己的房間。他們現在做得不錯，但就算他們已經是青少年了，有時候還是需要人幫忙，指出通往目標的途徑。

我舉以下這個例子：我們環顧房間，看看他們需要整理的地方有哪些。大家都當過小孩，你知道這看起來是什麼樣子：

● 骯髒的衣服

- 沒鋪好的床單
- 撲克牌
- 樂高
- 乾淨的衣服
- 之前用過的各種美術用具
- 後背包
- 鞋子
- 紙袋等東西

我知道我如果只對兒子說要「整理房間」，他會不知道該怎麼做才好。所以我請他做三件事：「麻煩你只要把髒衣服、撲克牌與鞋子整理好。只要這樣就好，不要做別的事。完成之後請來找我。」每次他來找我，我就繼續把整理房間分成兩到三件他能處理的事。很快的，我們看到了一間乾淨的房間。有時候，只要完成第一個任務，你就可以發現他的態度改變了，因為他開始發現整理房間並不是辦不到的事。

在工作上怎麼運作呢？

我在工作上的例子，是回顧年度的財務狀況。我每個月都會檢視財務狀況，並在把資料送給會計之前都會做年度回顧。但我不大喜歡這個過程，因為感覺是很耗時間、很大的一項工程，我感覺得到不情願的心情越來越沉重。我知道會花上好幾小時，而且我也知道我不喜歡為了處理一項工作而在辦公桌前久坐。

當你對於必須做自己並不特別有興趣的事而壓力很大時，把事情分成小塊會有所幫助。拆解的第一個步驟，就是找出所需要的工具跟物品。所以我要做的第一件事，就是把所有每月損益表整理在一起，並印出來。損益表、螢光筆、還有一支筆，就是我工作需要的工具。一個視窗登入QuickBooks帳號，一個視窗是我公司的銀行帳戶，那所有需要的東西就準備好了。

老實說，我把這些內容都列出來好像有點好笑，但這個步驟對我來說很重要，讓我不會覺得被眼前的任務壓得喘不過氣。把這些工具提前準備好，就好像在床邊放跑步用的衣服。這就是「把成功放在眼前」的另一項例子。

接下來，我會建立一些簡單的規則：

- 一次一個月。
- 月份從近到遠。
- 一次四十分鐘。

我會把這工作列為我的三件事之一。突然，這個工作看起來就沒那麼大了，而是一項得在早上完成的四十分鐘的任務。原本從我一直拖延著不做的事情，變成了我要做的事。我花了簡短的時間準備好我需要的東西，省去幾天的拖延，工作就做好了。

我知道你也有一些目標與工作，我打賭應該包括網站、社群媒體、書、部落格、設計、銷售、營收，或者減重、健身、停止做什麼、開始做什麼、飲食計畫等。聽起來很熟悉嗎？如果把這些都分成更小的項目，一一來完成，看起來會是什麼樣子呢？

減重

我參加過的所有減重或健身課程都希望學員能夠增加喝水量，目標可能是一天八杯水。那如果把這個目標縮小，在床邊放一大杯水，起床之後就能喝，這樣如何呢？雖然不是八杯水，但已經比你現在喝的水還要更多，讓你能夠踏出一小步，漸漸邁向八杯水。如果你連續三個禮拜都這樣做，我保證你會找到喝水的其他方法。

寫書

如果掌握數字，就會獲得力量。只要知道了數字，這個任務就不再遙不可及。一本書大約是六萬五千字。如果你一天寫兩千字，三十二天就可以完成一本書。也就是說，三十二天的寫作就等同於完成一本書。如果你順利的話，有些時候一天可能會寫上三、四千字，那你不用二十天就能完成一本書。

在寫這本書之前，寫書這件事只是一個概念、一項工作項目。有時候我也覺得壓力很大。我收集了一些隨手記的筆記，內容雖然有用，但缺乏架構。在我把框架架構出來之後，我才能夠完成這件事。我必須從小地方開始，像是書的結構：

- 前言
- 八個章節

●結論

下一步，就是決定每一章的主題。轉眼間，我就把整本書拆解成我可以處理的小塊。

不要專注於完美，請專注於行為

這種分成小塊的概念其偉大之處在於，它不需要是完美的，但能為我們建立出一個簡單的架構。

處理挫敗或環境的改變

有時候，回顧一下在知道如何「把成功放在眼前」之前的日子，也有所幫助。我最近才在思考這件事，因為我需要運用意志力才能完成一些事項。

幾年前，我們家中迎來了最小的女兒。我在她三歲的時候領養她。想像一個小孩進到新的家庭、使用新的語言、接觸新的文化會感受到的所有轉變，她全然接受這三項改變。你有過跟停不下來的三歲小孩相處的經驗嗎？我三個年紀比較大的小孩第一次有這種經驗，他們會跟你說：「你幾乎什麼事都做不了。」我可以跟你說，我晚了好幾個小時才能做我一天結束的規劃。一直到晚上九點半，小孩都上床睡覺了，我才能在沙發上開始規劃。

某一天，我在看隔天的行事曆時，發現我隔天遇到的事跟平常不一樣。我母親會來找我、上午還要參加一場五年級樂團的音樂會。因為有這兩個行程，那天的上午就不是那麼普通。不過，我還是如往常安排了兩小時的專注時間：

- 我定義出了三樣我覺得完成後就是「成功」的一天。
- 我對每一件事分配所需時間。
- 我把事情寫在我的日程表，訂下時間。

雖然我已經有所準備，但基於一些原因，我的早晨還是發生意料外的事。我母親提早到，這讓我的工作時間少了一小時，四十五分鐘後我就得結束手邊的事，才趕得上兒子的音樂會。

架構會支持著我

這種挑戰很常見，環境改變了，你也被迫調整才能適應。你必須決定你要怎麼利用這四十五分鐘？選擇幾乎無窮無盡，對吧？通常是這樣。

如果你記得我過去的工作習慣，我們都知道會發生什麼事。我會打開電子郵件、瞄一下收件匣，收件匣內的內容好像是別人要求的代辦事項。接著，我會把別人的要求與各種情緒放一邊，開始選要先回哪一封信。四十五分鐘之後，我還陷在往來的電子郵件中，並為得離開去聽兒子的音樂會而焦慮。

但今天的我不一樣了，因為**我有能支持我的架構**。

沒錯，我必須做出決定，但我前一天晚上先決定好要做哪三件事，**我的選擇就變少了**。雖然我只有四十五分鐘，但我能好好利用時間。因為我先決定好了要做的事，就能在剩下的時間內專注於一個工作項目。

我必須用到一些意志力，但也不會耗去太多，因為我的選擇很清楚。我能夠坐下來，從三個當中挑一個，然後開始工作。當時間差不多的時候，我人便離開，我知道環境有些變動、各種狀況稍微影響到我，但是我的架構支持著我。

不管事情是什麼，或者看起來像什麼樣子，重要的是能夠處在當下，因為你已經建立好一個架構，讓你要做的事能夠實現。**這就是注意力的價值，還有簡單決策的力量。也就是在你需要做決定之前，先辨認出什麼是重要的事物。建立架構能讓你更有效率，並使你能將時間花在對你來說重要的事物上。**

效率陷阱

我們很多人容易陷入效率陷阱（productivity trap），做了很多看似與工作有關的事，我們認為做這些事都是有價值的，但它們其實會**阻礙我們無法去做真正需要做的工作。**

我遇過最大的效率陷阱就是制定預算與預測。我可以在 Excel 表單花上好幾個小時，調整模型、分析結果。這的確是工作內容，但我在做 Excel 的時候，腦海中還能變出一些花樣。簡單來說，這有點算是我為了好玩而做，而不是為了工作而做的事。

看看你是否能夠辨認出自己的效率陷阱。有些客戶跟我分享過以下內容，可能你也遇過類似的事：

- 制定太多計畫。
- 不斷設定目標。
- 替小說中的人物發展角色表（而不是實際寫作）。
- 為了跟得上話題去讀所有產業人士轉發的貼文或文章。

小—大—小的架構：五個F

我們在大幅度調整自己運作方式的時候，總是會遇到一些阻礙，讓事情發展不如我們所願。在我們可能需要做出重大決定之前，我們可以做一些事來清除障礙，提前獲得好的開始。

- 面對它（face it）

- 處理它（fix it）
- 找到它（find it）
- 架構它（frame it）
- 依循它（follow it）

面對它：面對你的決定

我知道你一定聽過，解決問題的第一個步驟，就是認知到自己遇到問題。聽起來像是廢話，卻很有用。但問題就在於：我們發現自己老是在思考同樣的蠢問題。為什麼我們總是讓自己處於想知道晚餐該吃什麼的情況下？

面對它，就代表著問自己：**我想要達到什麼目標？我是否有花時間做出值得我注意的決定？**

處理它：減少你要做的決定

我們每天要做的小的、日常的決定會占據我們的時間、花去我們的注意力與精力，產生決策疲勞。

去除或者減少你的決定：在我最近跟客戶的對話當中，我們討論到減少決定的過程。我會這樣來限縮現有的選擇：問自己「我應該做這個嗎？」答案通常可以限縮成以下三種：

- 是。
- 不是。
- 不是現在。

這個簡單的架構，能省去許多做決定所消耗的精神。如果答案是「是」，就會產生其他像是該如何做等問題。如果答案是「不是」，那就結束了。如果「不是現在」，那也需要一些後續的動作，像是你什麼時候、在什麼樣的情況下，會再來思考要做這件事。

如果回答「不是現在」，我總是建議客戶要小心這個答案。他們是否確定這是對的答案？或者他們只是想暫時擱置這個問題？如果他們覺得這件事情很重要、需要晚點再決定，那才是對的答案。

讓決策自動化：讓決策自動化，聽起來有點複雜，但我喜歡把它想成這個簡單的問句：「如果……就……」（if, then），也就是**把規則建立起來**。想像一下你每天固定會遇到的一些決策，如果你想用人工智慧來為你做決定，你會告訴它要應用哪些規則呢？

- 我應該買這個嗎？
- 我應該吃這個嗎？
- 我應該看這個還是去睡覺？

這些只是我們每天都會遇到的一些簡單例子。在某些情況之下，你可能已經有自己的一套規則。

- 我不衝動購物。
- 我只吃我飲食計畫中的食物。
- 我在每個工作天都是晚上九點五十睡覺。

這些都是一些自動化決策的例子，可減少決策疲勞。

找到它：將決定導向大局

最近，我在想我們是否應該思考比一年更久遠的事情？我朋友貝姬對她的人生有遠大的憧憬，她稱之為「圓滿人生」（well-rounded life）。我喜歡貝姬的點子，因為她花時間定義自己的人生想過得怎樣，而不是等待結果。

架構它：用大的框架出小的

去想一年之後的未來，最有用的地方在於讓我們可以往回推，去界定出為了達成目標必須經歷哪些過程。這幫助我們在做年度計畫時，讓我們能清楚界定出每月與每週的目標。我們可以將這些結果當作過濾器，過濾掉那些不值得我們浪費時間與心力的決定。於是我們就能去做為了達成目標，需要的小行動與必要的決策。

以下是一些有助於創立架構的問題：

- 我試著達成什麼？
- 我要做出什麼決定或採取什麼行動，才能達成這個目標？
- 如果我不確定如何決定，我需要知道和理解些什麼，才能讓我有信心地做出決策？

依循它：使用架構，堅持計畫

當你分心、無法跟著計畫走的時候，不代表這個計畫是不好的，只是代表你沒有遵循計畫。我稍後會再補充說明，我會讓你了解，你應該如何遵循你的計畫以達成目標。

小─大─小與五個F的應用

貝姬用她「圓滿人生」的架構來幫她做決策。讓她知道如何做出商業決策、保持健康、維持關係，以及她要將時間花在哪裡。最近，她決定把她的酒專賣店賣掉。這是小─大─小，以及五個F的運作結果。

經營酒專賣店有很多小的雜事花了她許多時間。她「圓滿人生」的大計畫提供給她一個過濾器，她領悟到，經營這間店會阻擋她邁向圓滿人生，於是決定把店賣掉。現在她必須思考一些小問題，制定一項計畫來處理賣店過程的決策和行動。貝姬透過五個F來思考：

- **面對它**：她必須面對這個事實，也就是這間店成了她的阻礙。
- **處理它**：一開始，她透過去除掉一些決定並讓一些決策自動化（幾年前新增了POS系統），來減少日常負擔。
- **找到它**：她做了一項大決定，就是重視自己的時間，勝過於經營這間商店，她決定把店賣掉。
- **框架它**：她用這個大目標，來架構一項計畫。
- **依循它**：她一步步照著計畫，來賣掉她的店。

貝姬想的是超過一年的計畫，這使她能處理那些感覺很龐大、讓人無法負荷的決定，像是思慮清楚、有目的地賣掉一間店。這就是我們最終的目標。我希望你也能有意識地做出決定，思慮清楚而且有目的。

我有許多客戶會跟我討論一些他們遇到的重大決策。在提供指導的過程中，我不會替別人做決定，而是協助他們到達能自己做出最好決定的狀態。在我經歷過的事情中，幾乎都能運用小—大—小這個架構。儘管在一開始的時候，每件事看起來都很大。

找回專注

我們面臨的最大挑戰，就是我們必須專注在生活和工作中最重要的事情上。可能是一項計畫、寫作、跟孩子玩一場桌遊、一場重要的會議，或跟另一半吃晚餐。或許你需專注的挑戰是長期的，像是持續努力邁向目標。

我可以幫你列出我們每天面對的所有分心之事，但你應該也都知道了。你的手機、電視、電子郵件、社群媒體、各種做到一半的事，以及還沒做的事，這些都讓我們分心。我們想完成的事越多，就會越期待我們的目標，這使我們越容易分心。有時候讓我們分心的不是外在事物，而是我們自己內心的一些想法，像是：

● 如果我當時……
● 為什麼我沒……
● 我要怎麼樣才能夠……

請停止！這是這個架構的第一部分。

在讀前面幾段的時候，你是否發現自己有點恍神了？你是否有想過，你的分心經常來自於自己的腦袋，即便只是一瞬間？我在寫作的時候，也會分心。

「停止！」這是一項命令，可以破除腦中的雜音，我經常用這個技巧。這是架構的一部分，讓我重新專心。

別忘了前面提過「我現在做一下這件事」的危險之處。這個理論很棒，但我們做得還不是很好，這個念頭會讓我們從原本的工作中分心。或許只是很簡單的念頭，像是「我必須打給先生，告訴他週末的計畫有變」。你會告訴自己「我現在先做這件事，以免忘記」，所以你就停止手邊的事，迅速撥了通電話給先生，相信自己能很快回來做正事。

你在等他接電話的時候，順便瀏覽了一下電子郵件，因為你無法忍受在等電話的十秒內沒有做別的事。因此就決定多工，看看正在進行的專案有沒有新進展。你跟先生講電話的時候，也點開一封吸引你注意力的電子郵件，開始讀了起來。

讓我們仔細看一下。我們一開始在忙一件事，腦袋提醒了我們需要打一通電話。在這個時候，我們就先擱下這件事，把注意力轉移到打電話上。當我們打電話的時候，也打開電子郵件，快速的瀏覽，看看是否有什麼事情發生。

我們的注意力已經從專注於一個重要的項目，分散到三個截然不同的領域上了。

我們再往下看下去。

在電話中，我們很有可能討論了不只一件事。在看電子郵件的時候，收件匣裡面的每一則訊息提到的都是不同內容。

屈服於「我現在先做這件事，以免忘記」的力量，使我們的注意力被分散了，而且不只分散到三個地方，而是一連串的分散。我們必須將分散的注意力找回來。我們必須停止認為自己在受到干擾後，不需重新花精力專心就能成功回到原本的事情上。干擾是有代價的，而且**「讓我現在先做這件事，以免忘記」的這個魔咒，實際上對我們是弊大於利**。這句話根本有問題。我們之所以擔心自己會忘記，是因為我們的腦袋一開始就一團亂。但我們屈服於這樣的想法，這會使問題變得更嚴重，且成為永久性的問題。認知到這一點，就是第一步。

當你的注意力因為一個念頭、一個動作，或別的干擾而被帶走，你就分心了，而且要再拿回專注力，需要一點努力。更重要的是，**我們不知道分心會導致自己失去了什麼**。

我想給你一項挑戰，就是請放棄「讓我現在做這個」的念頭，這很有用。

三個R與空白紙

當我試著專心做一個項目時，我利用空白紙來處理那些跳進我腦中的念頭。這很適合以下狀況：「我必須記得要……」、「我必須打電話給誰」、「我必須加上這個」、「這個想法可以用在另一個工作項目」、「我要跟某人說什麼」。這些都會讓我們陷入「我現在先做這件事，以免忘記」的魔咒。與其對抗這些念頭，還不如就讓念頭冒出來，並將它記錄下來。

三個R就是：

- 辨認（recognize）
- 記錄（record）
- 回去（return）

在一天之始，或在進行一件項目的一開始，就在桌上放一張空白紙與一枝筆。

- 當腦中有念頭閃過，像我上面提的那些緊急代辦事項或你需要記得的事，就**辨認**這些事。
- 把它**記錄**在空白紙上，你的腦袋就不會為了要一直記著它而有壓力。
- **回去**做你原本在做的事。

如此簡單的方法，就能發揮作用。我專心在一項工作項目裡時，譬如說寫這本書，我會安排好時間。我今天的時間就是要來做這件事，如果我容許別的想法，或我需要去記得其他東西，或先前應該要做好的事來干擾我，我就前功盡棄，時間也都浪費了。但如果我把這些想法先寫下來，然後繼續工作，我就能做更多。

RIRA

這個方法可以用來處理進入腦海中的擔憂、混亂思緒及負面想法。大腦很調皮，當你在工作、慢跑或開會的時候，這些想法可能會突然從天外飛來。在這個情況下，大腦就會把你從你需要或想要記住的事情中拉走。由於你現在做的工作需要花費精力，大腦希望用更簡單、更好玩的東西讓你分心，讓你有藉口放棄。我用RIRA的方法來對付這種狀況：

- 辨認（recognize）
- 禁止（interdict）
- 重新聚焦（refocus）
- 行動（act）

我經常使用這個方法，像是在運動的時候。游泳是我最無法專心的運動，大概才進行到四分之一時，想要結束的聲音就出現了。我腦海中充滿各種負面聲音，還有一些希望我放棄的詭計。它告訴我沒有時間游泳了，或者我應該回去工作。它告訴我我不擅長游泳，不然我應該游得比現在更好。它告訴我應該放棄，或暗示我今天早點結束也沒關係。

辨認

上個方法和這個方法裡都有此步驟。我們必須辨認出我們的想法是什麼，**我們必須清楚看到這些想法才能採取行動。這非常重要，因為這就是做決定的空間**。一開始，空間並不大，也不容易看清楚，但是當你這樣做的時候，就會慢慢看清了。

禁止

禁止是強制將一件事情終止。以這個例子來說，就是思考模式，在負面想法產生或庸人自擾的情況下非常有用。你可以**選一個對你來說有用的字或詞**。如先前提到的，我選擇的是「停止！」這可以刺激到我，讓我能夠重新拿回控制權，才得以做正確的事。

重新聚焦

有時候，就只是需要把思緒帶回來手邊的事，就是這麼簡單。我會問自己一個問題：**「我現在該做的最重要的事情是什麼？」**之前有提過，這是讓我重新專心的工具，當我有了答案，就可以重新聚焦。

行動

以游泳來說，我的行動就是執行游泳的動作。如果我只游了一半，我就繼續游下去。有很多時候，在重新聚焦到行動的階段，我會**從小行動開始**。像是「只要游完這條水道就好」、「只要完成這個句子就好」，於是就能輕鬆從那裡再開始。

這個方法也適用於關係當中。例如我在陪伴家人時腦袋開始漫遊，我可能會在思想上分心，而不是和家人在一起。雖然我人在那裡，但陷入了無濟於事的想法或煩惱中。RIRA能讓我很快回到現實中。

對我來說，上面兩個方法都能幫我快速維持專注，或者重新找回專注。第一個比較溫和。想法與干擾經常會出現，辨認它並記錄下來，再回到原本的工作。第二個比較直接，這是有原因的。我們的思緒可能會漫遊到其他地方，讓我們偏離正軌，我們需要嚴厲的禁止才能讓自己回來。這是有用的工具，一開始可能有點難，但隨著練習就能夠上手。

那看起來會像什麼樣子？

請注意自己分心的時候：注意當你的想法干擾你，把你從原本要做的事情中拉開。辨認出當你跟著這個干擾走的時候，會發生什麼事。它把你帶到哪裡？你能看到那個做出不一樣決定的空間嗎？可能是讓你把思緒寫下來的空間，可能是禁止它的空間。現在只要先注意就好。下週，可以採用空白紙的方法，看看會發生什麼事。

如果你每天很有把握你做的事情都是正事，那會是什麼樣子呢？如果你可以只專心工作，而不用煩惱其他該做的事，那會是什麼樣子呢？這是我們希望從小－大－小的架構中得到的。這就是為什麼我們要去找出一年內想要達成的結果，並了解每一個月、每一週、每一天應該要做到什麼。我們需要明確的方向，我們要知道並相信我們每天付出的努力與目標一致。

重點聚焦

- 我們的一天就是我們的一週、一個月、一年。
- 我們不應該關注目標，而應該把注意力集中在實現目標所必需的行動上。
- 當必須做自己並不特別有興趣的事而壓力很大時，把事情分成小塊會有所幫助。
- 在需要做決定之前，先辨認出什麼是重要的事物。建立架構能讓我們更有效率，並使我們能將時間花在重要的事物上。
- 有助於移除阻礙的五個F：面對它、處理它、找到它、架構它、依循它。
- 「讓我現在先做這件事，以免忘記」是魔咒，實際上對我們是弊大於利。
- 找回專注的方法(一)三個R：辨認、記錄、回去。
- 找回專注的方法(二)RIRA：辨認、禁止、重新聚焦、行動。

6 情感性決定的價值

我朋友最近跟我說，她沒有花很多時間去思考目標，她喜歡以「比昨天過得更好」的心態生活。我很欣賞這種態度，是很讓人欽佩的志向。畢竟，我也喜歡幫助別人，讓他們的工作能更順利。然而，「更好」本身並不容易衡量。我問朋友，要怎麼知道自己變得更好呢？她答不出來。因為這需要先下定義。

定義更好

不只是變得更好這個願望難以評估，她也漏了一項重要的問題。她想要成為更好的母親、伴侶、朋友還是同事？她是想要變得更健康、更會理財還是讀更多書？問題在於，要在哪方面變得更好？雖然這看起來好像很簡單，人們卻常常回說「我不知道，我只是覺得我應該要變得更好」，或者「好像別人都更怎樣怎樣……」。

有時候，提到工作或人生的目標，我們知道自己想要做更多什麼，或者在哪方面做得更好。但**明確指出它很重要，不只是因為這樣能使目標明確，而且還能讓我們知道自己離「更好」或「更多」還有多遠。**

看看資料

幾年前，我曾告訴過我朋友貝姬，我覺得自己不是孩子的好爸爸，覺得很苦惱。她馬上問了一個重要的問題：「你怎麼會覺得自己不是一個好爸爸呢？」請注意她是如何將「我的感覺」轉換到「讓我思考」。

很簡單。我覺得我沒有花夠多的時間陪伴小孩。她是這麼回答的：「好，那接下來兩個禮拜，記錄下來你陪孩子的時間。」我這麼做了。結果，我發現我花的時間比我感覺得還要多。當時我的行事曆塞得滿滿的，我很擔心我犧牲掉與孩子相處的時間，但其實沒有。那份紀錄也讓我注意到地點、時間與內容。我參加了練習、比賽、表演。我跟他們吃晚餐、玩遊戲。我們在車內聊天。我晚上念書給他們聽、幫他們蓋好棉被。

這讓我看到幾個關鍵的地方。我必須定義「更好」是什麼意思。我必須評估我已經在做的事，以及做了多少。下一步，就是了解我要做更多什麼事，才能變得更好。是一週五小時嗎？還是要讀更多書？更常聊天？

我們經常期待獲得更多東西，相信我們應該要做得更多、擁有更多、變得更好。這些可能都是真的，但**我們必須先定義什麼是更多，或者更好是什麼樣子，我們才能開始打造一個計畫，達到這個目標。**

儀式

對很多人來說，我們最一開始接觸的儀式是宗教儀式。許多跟儀式相關的定義都與宗教行為有關。我們也會在不同的地方使用儀式，但先從宗教開始說起。

我在天主教家庭中長大，我們會望彌撒，我還當過一陣子的輔祭，我在自己的教區內學到一些宗教知識。但長大之後，這些儀式對我來說就沒什麼道理，看起來很像大家只是走一些形式。我無法理解。我對於禱告文與儀式中的或站或坐或跪，都沒有強烈的「連結」。那別人怎麼會有呢？我無法想像他們像機器人在做那些動作時，能獲得任何有意義的感受。

離開教會多年後，我發現自己成年後又回到了教會。儘管我年輕時對儀式反感，但當我回來時，我發現自己從儀式中獲得了支持。儀式有許多功能，特別是當我們了解這些儀式的目的時。就算我們不了解，它也能幫我們指出正確的方向，一直到我們弄清楚。儀式就是有目的的習慣，是為了讓你過上自己想過的人生而進行的活動。

你想過什麼樣的人生？

我並不是想說要致力於一項能夠幫助你實現目標的活動。當然，這是其中的一部分。但隨著時間過去，當我們把行動融入到日常生活中時，我們對目標本身的關注就會變少，取而代之的是**更多與你想要的人生相一致的生活和工作**。我們不只是努力去完成一些遙遠的事情。**重新拿回專注力的重點在於，我們能夠以自己希望成為的樣子過每一天**。重點是要以「希望成為」的態度過日子，而不是在想「如果與何時」。

在我希望你思考你真的想要達成的是什麼之前，以上都清楚了嗎？我們會繼續疊加上去，所以先複習一下：

- 我希望你能清楚知道你的目標是什麼。
- 我希望你能清除甲板、消除分心之物。
- 事情難免有時發展得不如預期，我們提過能幫你重新找回專注的架構。
- 我們也講過反思、專注於亮點，用意在於加強自己的優勢，而不是矯正自己的缺點，以及從一項大目標，轉換到每天為了達成目標所需的行動。

接下來是什麼？

為了要「把成功放在眼前」，我們會用實際物品來提醒自己，像是在床邊放鞋子，以支持為了達到我們想要的目標而必須完成的每日行動。不過，要讓我們踏出家門，要做的不只是穿上鞋子就好。每天都準備好是一回事，但老實說，如果我們先穿鞋子，再穿其他衣物，就會非常不好穿。

講得簡單一點，就是在**準備的過程中也有順序。當我們知道準備的順序，就能**

建立出例行公事（routine）。如果這項行動很重要，我們可以將它當成一種儀式。

例行公事與儀式

我不想要糾結於字面上的意思，我想跟你分享我認為這兩個字有什麼不一樣。**例行公事是更具象、以身體力行的事。**舉例來說，每天刷牙、每天早上著裝就是例行公事。例行公事都是有目的的，當然也是有用的。儀式是神聖的，可能是實際的物品或精神上的鍛鍊。**儀式提供了一個平台，讓有意義、可能改變人生的事發生。儀式幫我們遠離分心，專注在當下與我們的目標。**

你喜歡看棒球嗎？棒球選手通常會有一些儀式，他在踏進打擊區面對投手的時候，會做一些動作。這不只是習慣動作，這樣做的目的是幫他專注在當下。站上罰球線的籃球員也是如此，他可能會先把球拍三下，讓球在手中旋轉，再拍兩下，眼睛閉上，眼睛睜開，吐氣，把球投出去。

有趣的是，以上提到的兩個例子，都發生在長時間比賽中的短暫片刻。這些片刻都是獨立出現的，需要不同程度的專注與投入。網球選手也是如此，網球比賽可能進行好幾個小時，但在每一次發球之前，都會有一些片刻。小威廉斯與其他選手在發球時，都會用上一些儀式，以準備好自己的身心狀態。

儀式並不保證成功，如果是這樣的話，就太簡單了，那我們大家都會使用儀式。儀式的目的是要讓自己的身心準備到最佳狀態，讓你做你正要做的事。

行為科學家麥克．諾頓（Michael I. Norton）與法蘭西絲卡．吉諾（Francesca Gino）的研究證明了儀式的正面影響[21]。雖然只是初步研究，但證明了進行儀式而非單純的觀察儀式，能改善整體體驗。諾頓與吉諾正在做更多研究，希望能以早期研究為基礎來做更深入的研究。不過他們早期的研究結果，以及各領域的頂尖好手，像是運動員、演員、音樂家都會進行儀式，便已說明了儀式的重要。

而這正是我們在說的。我們提到透過儀式來改善你的經驗，因此你能做出可幫助自己達成目標的行為。所以，這看起來會是什麼樣子？

儀式的組成

儀式是你執行某項行動或為其做準備的特定、重複和有紀律的習慣，通常具備一些身體上的動作以及心靈上的元素。儀式有其目的性，當建立或進行一項儀式的時候，需要有一些外在條件的配合，例如必須有完善的設備才能進行。最重要的一點是，控制權在於執行儀式的人，藉由他們的動作才能使身心與目標保持一致。

以棒球員的打擊為例，需要一些工具與裝備，但那些東西已經準備好了，儀式主要出現在棒球員如何打擊上。他們的腳怎麼站、手怎麼握球棒，或他們在投手投球與揮棒打擊中間做了什麼準備。

儀式的進行

儀式並不等同於「把成功放在眼前」的過程，但是你**可以將「把成功放在眼前」所需的行動儀式化。**

為了提高效率，以及做好參加鐵人三項的心理準備，我將騎上腳踏車的動作儀式化。為了有一趟成功的騎乘，我準備好所有的裝備，選好路線、時間，並確保我一切都準備好了。我開始騎乘時也有重要和明確的儀式。每次的騎車訓練，我都按照鐵人三項轉換區的方式設置設備。所有東西都準備好之後，我會光著腳靠近腳踏車，戴上安全帽，扣上扣環。然後穿上鞋子，戴上太陽眼鏡。我把車牽到車道尾端，吸一口氣，按下手錶的計時器，然後開始騎。

列出這些實際步驟或觀察這個過程，就是一套例行公事。當我用這套例行公事來調整我的心態時，就成了儀式。儀式替我們指出重要之處。小威廉斯在第一個發球前，會彈五次球；在第二個發球前，會彈兩次。她每次都這麼做。在這兩個情況當中，所有的準備工作都已經完成，設備都在場上了。這和例行公事是不一樣的，它是讓心態做好準備的儀式化步驟。

準備

在日常行為當中，請挑出對於你整體目標有幫助的兩件事（如果你很有野心，可以多挑幾件），利用你指定的日常行為「把成功放在眼前」。

建立一張短的清單或簡單的步驟，讓你在做重要的事情前能把自己調整到正確的心態。以下是一些建議：

- **在演講之前：**我閉上眼睛，問自己兩個問題。我的演講是講給誰聽（這能讓我把重心放在觀眾上）？我希望傳達的內容是什麼（雖然我明確知道答案，這只是用問句來確認，換句話說，你要知道自己在做什麼）？

- **在比賽之前：**我把它的過程與步驟具象化（例如游泳或騎車的所有步驟）。
- **在寫作之前：**我閉上雙眼，問自己「我要寫給誰看？」與「我要寫的是什麼？」
- **在吃飯之前：**我們家會一起在飯前禱告，總是以「讓我們成為更好的人」做結。

這不一定是你每天得做的事，像演講或比賽。不過，你可以藉此來做練習。如果你的儀式能夠為你做好心理準備，你在上場之前就能感覺很有信心，這樣不是很棒嗎？

列出你一天中能透過提前準備而獲益的機會（或者只是提前決定好要做什麼）。這與「把成功放在眼前」的概念類似。看看一天當中，有哪些決策是你可以提前決定的。你不用一次做完全部的決定，這不是一蹴可幾的，但可將你能夠提前準備的事項列出來。可以是決定你在每個工作天剛開始的三十分鐘要做的事；或者是決定你要穿什麼、要吃什麼；也可以是你的晚餐計畫或運動計畫，什麼都可以。

請從清單中挑出幾個項目（也可以挑更多），為你的一天做好準備。並回顧一下之前提過的幾項重點：

- **準備**幫我快速地沉浸在工作當中，確信自己在時間安排上已做出正確的決定，並準備好所需的東西。
- **規則**幫我保持專注，把外在的干擾都阻擋掉，特別是那些看似重要或的確重要的事。我會告訴自己別擔心，晚一點就會來處理那些事。
- **空白紙**幫我處理內在的干擾，包括那些我害怕忘記、覺得現在要去做的事，以及那些告訴自己我辦不到或我做得不好的負面聲音。

這些都需要時間。這並不容易，你可能有幾天沒做到、違反自己的規則。但沒關係，重新開始就好。我也會遇到一些干擾，影響我的效率，我需要做出不一樣的決定，導致我無法去運動或完成一項任務。這就是人生。隨著時間過去，會變得更容易的。順利的日子，會比不順、打破規則的日子多。於是你會開始發現，這不像過去那麼遙不可及了。

做出情感上的決定

鼓勵做出情感上的決定有點奇怪，但其實有強大的理由支持著基於情感的決定，尤其是在一些有意義的事情上。長久以來，別人都告訴我們在做決定的時候應該不帶情緒。我們應該發揮認知能力、用理智與邏輯追求成功。我並不是說要全然摒棄這個方法，而是說，**我們需要大量的意義與情感連結，幫助我們做出更好的決定。**

我們在生命當中遇到的失敗例子，可能可以列出一長串的清單。如果你想起那些失敗的經驗，我猜你可以清楚發現，資料、理智、邏輯不總是那麼有幫助。我們可能備齊了所需的資料，我們可能用盡了意志力，卻還是無法成功。

但花一點時間，回頭看看你最重要的個人或職業成就，它們通常都參雜了情感上的決定與行動，我也一樣。這並不是說我們沒有去全面考量重要數據，或沒有採用理性的方法。明確地說，**使用情感來做決定不代表衝動行事，而是利用了情感的**

力量，它能驅使我們改變，也能讓我們撐過最艱困的時刻。當我們面臨到一項困難的選擇時，情感會將我們與即將做的事情的意義聯繫起來。

讓這件事產生意義

我從二〇〇七年開始參加布羅根的「三個字計畫」。選擇三個字，並在這一年當中，把這三個字當作你成功之路上的路標。這些字並不是目標，但能幫助你與目標的方向保持一致。我試著運用這種情感的力量。

如果我想要改善身體健康，可能會選「玩」這個字。這個字很不錯，玩是一個很棒的提醒，而如果我們用情感渲染、給予意義，這個字就會更有力量。加上情感上的敘事，像是「我想要變得健康才能跟孫子孫女玩」，就讓玩這個字變得更有意義。

這不只是一個我設定的目標，而是我寫出來的故事。這個故事裡面有人物、關係與連結，具有個人的意義。邏輯與理智可以讓我們知道，我們能夠過得更健康，但我們的情感想像出跟孫子孫女玩的情景，可以在過程中幫我們做出更好的決定。

昨晚的我（Last Night Guy）

你知道「昨晚的我」嗎？他最近在很多地方出現，我很喜歡他。很多證據證明他來過，他簡單的行為就能改變我的生活，我非常感激。你或許對這樣的人很熟悉，或者知道這種類型的人。這就是幫你打理小事，讓你的生活變得更輕鬆的人：

- 前一晚幫你煮咖啡。
- 幫汽車加油，所以你在早上通勤的時候就不用停下來。
- 幫你拿出隔天要穿的衣服。
- 當你坐到桌前要開始一天的工作，這個人都已幫你準備好，讓你可以直接開始工作。

聽起來很棒，對吧？真是幫了我們大忙。

唯一比「昨晚的我」更好的，就是「去年的我」（Last Year Guy）。「去年的我」就是那種會替緊急時刻準備預備金、替想去的旅行存錢或存退休金的人。正是這些使他獲得了傳奇般的地位。當「昨晚的我」與「去年的我」齊力合作的時候，能讓我威力無敵。

同情心與感激

你會了解到上述行動就是「把成功放在眼前」。當我的決定都已經提前做好、工具也備齊，我完成一件事所需的意志力就會降低。我去除掉可能會讓我拖延和分心的決定，但老實說這不是很容易。有時候，我們很累，不想要替明天的我煮咖啡。他知道怎麼做，東西都在那邊，讓他自己處理就好。今天的我只想再看一集影集，然後去睡覺。

有兩個很重要的情感，可以讓這些變得比較簡單。

我提到我很感激「昨晚的我」幫我做的事。他知道我必須早起，不然我的一天就會忙得團團轉。他認知到這個事情，對我產生同情心，於是就有了動力幫我把事情變得更簡單。「把成功放在眼前」不是做一次就完成，而是像圓圈不斷循環。**感激與同情心，是這個循環當中的重要元素。**

研究人員了解到意志力等認知功能有其缺陷和局限性，因此他們轉移了研究焦點。近年來的研究發現情感的重要，指出感激與同情心對於目標的達成有很大的影響。大衛．德斯諾（David DeSteno）在《情緒致勝》（*Emotional Success*）中，就提到這兩個情緒是如何提升我們自我控制的能力[22]。

簡單來說，當我們心生感激時，我們就不會過於衝動，並能做出更好的決定。當我們有同情心的時候，能讓我們抑制急躁的本性。更重要的是，這些情感帶來的好處是能夠轉移的。我們不需對某個特定的對象產生同情心，才能幫這個對象。

一般而言，培養同情心能夠改善自我控制的能力，感激的心也是一樣。德斯諾說，當人們經歷過這兩個情緒的其中一個時，做出「正確的事」的機率有三倍之高。研究中的受試者在經歷過同情心之後，存到的退休金達到兩倍。

難怪「把成功放在眼前」這個方法這麼好用。在許多方面，**感激與同理心的循環，正在激起持續的行動。當你覺得照著計畫走不容易，或者你缺乏意志力、決心與恆毅力時，可以試著藉由情感來輔助。**

生活其實充滿感激

感激之心具有立即改變我們觀點的力量，我們可以很快從對必須做的一切感到不知所措，轉變成沉浸在我們擁有的一切中。就我而言，我並不是特別擅於每天感激，我比較容易焦慮、從來不覺得我做得夠多，也不知道我接下來要做什麼，但下面兩件事讓我開始懂得感激。

- 前一陣子，我跟最小的女兒一起讀完了《哈利波特：神秘的魔法石》。我們一天會讀五到十頁，直到她把書本闔上，頭靠在枕頭上，眼皮變得沉重，就是該結束了。每一天晚上，我會說「上次讀到……」，我們就會繼續讀。
- 每個平日，我都是家裡最早起的人。多年來，我早上起來，必須把我四個小孩當中的三個搖醒，他們半睡半醒的走向廚房。每天早上，我會煮一壺咖啡，做三份火腿蛋三明治。我會把三明治用鋁箔紙包起來，放在爐火上，讓三明治保持溫熱直到出門。

我煩惱、我擔心，我不斷懷疑自己現在做得夠不夠，或者之前做得夠不夠。有些煩惱來自於當了父母，跟你一樣，我在一天結束後也很累，但小孩都不肯去睡覺，尤其是最小的女兒。我不總是那麼有耐心，但最後還是能找到一個方法讓她爬上床、陪她看書、入睡。每天在太陽升起之前就起床，也不是什麼好玩的事。當屋子裡面有許多青少年的時候，晨間時光就不會很順利。孩子們急急忙忙找衣服、拿書、拿作業然後出門，有時候真的會讓人瘋掉。

這讓我忽略掉，這些時刻其實是很簡單的美好。我可能只顧著在想她睡覺之後，或是我送他們到學校之後要做什麼事。我覺得自己真是白癡。

我能夠把我三個孩子送到學校，給他們客製化的早餐。我開車送他們到校，雖然有時車上很安靜，但我們總是在一起。我能夠花時間跟女兒一起看書，我們討論發生了什麼事以及接下來可能會發生的事，那是我們兩個人的珍貴相處時光。

這不就是一種成就嗎？這難道不是值得慶祝的目標，或者值得享受的美好嗎？**有時候我們追求的大目標，會以日常的微小細節現身，出現在那些我們預料之外、常會忽略的地方。**我可能每天還是會煩惱不停，但其實每天都有值得感激的時刻。

跑步的契機

讀到這裡，你可能在想：「我知道要計畫整天的行程，我知道要設定目標，並將目標分解成小塊。但問題是要怎麼樣才能照著計畫走？」聽起來很熟悉嗎？就算我已經使用這些方法好幾年，我還是有類似的問題。但歸根究柢，**就是要從日常的一些行為開始，再來是持續幾週的日常行為，才能達成你的最終目標。**

我一開始決定慢跑的時候，連最終目標都沒有。我只是訂下每天跑一到兩英里的目標。在那之前，我的經驗告訴我，我需要改變飲食與運動型態。我受到別人的啟發，了解到自己不應該再無所作為，起而行，去行動。

我十五歲的時候，在一個夏末的週五下午，一場足球賽結束後，我從學校回家。那場比賽就跟一般的比賽一樣，不同的是，我完成了第一次傳球達陣。我滿腦子只想要快點回家，告訴父親這個消息。

但事情發生變化。我去了我母親工作的地方，把車開回家。我母親的一個同事兼友人把我拉到旁邊，告訴我父親心臟病發人在醫院。我母親跟他在一起，所以車子留給我。

我感到有點頭暈，才十五歲的我完全不知道該做什麼，我牽了車，回到家接妹妹，便開往醫院。那趟車程三十分鐘，我記得我開在州際道路上，還超速經過了一個沒把我們攔下來的州警。我記得不多，我只知道到了急診室後，看到母親臉上的悲傷，聽到了一些話，我知道父親已經過世了。

接下來發生的事，就不在此多提，但我要說的是：

我父親過世的時候只有三十七歲，他的父親過世的時候也只有三十七歲（同樣因為心臟病發）。因此，我相當重視自己的健康。但就算如此，我也不是總是做出最明智的決定，我不是一直都吃得健康或有固定運動。我沒有活出那種對每一天充滿感激的樣子。

在我實際開始慢跑前並沒有什麼相關經歷，我只有站在場邊觀看一場小型的當地比賽，等待他們完成比賽。當別人都在跑步的時候，跟我一起站著的另外兩個人都抽菸、明顯過重、吃甜甜圈。我沒有抽菸，也沒有吃甜甜圈，我只是站在那邊。

從靈感到持續不斷

靈感會帶給你開始的動力，但並不是像意志力那樣。我們只能靠著靈感撐一段時間，便需要其他系統來支撐我們。

在我個人靈感一來之後，一週後就開始跑步了。最初，我對自己要嘗試新事物、想到我會有所改變，感到興奮而躍躍欲試，我就這樣開始了。但幾週之後，我就開始有幾天沒跑步了。有時我找不到我的手錶，或者手機沒充電，或者我的運動服沒洗。遇上這些干擾元素之後，我的靈感、興奮的心情以及意志力都無法支持著我。

這就是為什麼我把鞋子放在床邊，讓我持續行動。你會注意到，我並不是說讓我完成我的目標。我們知道**從目標往前回推、定義日常行動，就能確保行動與目標一致。接著，當我們每天完成日常行動，就能朝目標邁進。**

多年來，家族病史始終籠罩在我頭上，當了幾年爸爸之後，這樣的認知又再度擴大。支持我持續努力的，就是情感上的靈感，以及幫助我「把成功放在眼前」的工具。

我在兩個月之內就從零基礎進步到完成第一個五公里。我之後跑了一些五公里與十公里的賽事，也試了鐵人三項。之後，我就完成了全程馬拉松、五次鐵人三項，其中包括一次半程鐵人三項（七〇．三英里）。在那場賽事當中，我在參賽圍兜背面寫上我父親與岳父的姓名縮寫。

在我完成這些賽事之前，已持續好幾個月游泳、騎單車、跑步，並完成好幾週的特定訓練計畫。在我小孩醒來前還有他們睡覺後，開始練跑、騎車或游泳。在情感動機之餘，我需要把自己準備好，來辨認出日常行動。

每天晚上，我都會決定隔天訓練計畫的內容。我對於明天的我有**同情心**，在緬因州這樣冷的天氣裡，要起床慢跑不是件容易的事，所以我會提前把所有東西都準備好，「把成功放在眼前」。每一次跑完，我都對這個經驗心存**感激**，因為我為了長期的目標，完成當天需要做的訓練，感覺很有信心，也因為成功做到而受到激勵。

那看起來會像什麼樣子？

情感性決定的力量在於，它提供我們實現目標的動力。在小－大－小的架構當中，點出了「大」的目標與意義。它讓我們重新了解「把成功放在眼前」

的核心要素，以便提前辨認和決定我們需要什麼來完成我們的計畫，以及實現我們的目標所需的日常行動。

你的情緒動機是什麼？你需要什麼，才能確保你的日常行動與你的目標一致（時間、工具、裝備、資訊等）？你要如何提前決定、準備需要的東西，以「把成功放在眼前」？

重點聚焦

- 儀式幫我們遠離分心，專注在當下與我們的目標。
- 使用情感來做決定不代表衝動行事，而是利用了情感的力量，它能驅使我們改變，也能讓我們撐過最艱困的時刻；情感性決定提供我們實現目標的動力。
- 感激與同理心的循環，能激起持續的行動。當覺得缺乏意志力、決心與恆毅力時，可以試著藉由情感來輔助。

●從目標往前回推、定義日常行動，就能確保行動與目標一致。接著，當我們每天完成日常行動，就能朝目標邁進。

7 提前做決定

對於缺乏專注力、有時間管理困擾的人，我都給出兩個簡單、明確的建議：

- **提前決定想做的事：**如果我們在當下才做決定，那其實不是在做決定，而是反應。每天結束前安排一些時間，提前決定你隔天要做什麼事，讓你能夠專心在你決定好的優先事務中。
- **制定規則並遵守：**如同之前提過的，像是至少在你預計要專注的兩小時內，不要檢查電子郵件與社群媒體，也不要看訊息、接電話。

最近在一次討論會上，我跟幾個不知道自己為什麼出現在那邊的人聊天，他們不知道有什麼工作坊可以參加，也不知道自己想參加哪個。但我知道這些工作坊提供許多策略和方法，能在未來的日子支持我。我知道我去那邊是為了學習，我也知道要跟誰學以及為什麼。

有自信地行動

身為教練、提供建議的人，我最主要的職責就是讓客戶處在能夠有自信做決定的狀態。我們會討論日常的決策，以及個人或商業經營會遇到的大型挑戰。我會問兩個問題，來幫他們建立架構：

那看起來會像什麼樣子？

這個在前面已經提過了，但值得再次討論。工作上的許多想法與決定，都是從像這樣的句子開始的：「我覺得我們應該」或「如果我這個部分做更多會怎麼樣呢？」問句「那看起來會像什麼樣子？」可以帶我們去行動，將我們的疑惑轉為展望。這句話能帶出其他問句，可幫助我們釐清目標，讓我們了解在行動之前需要知道什麼。這就是我另一個問題的目的。

哪些資訊可以幫助你自信地做出決定？

更明確地說，了解什麼你會答應或什麼你會拒絕，是很有幫助的。你有可能已經發展出一套直覺的架構來做決定。這些問題的目的，就是幫助你利用自己的經驗，以及你通常（不自覺）會傾向的優先事項。

找對支點就可以舉起地球

「把成功放在眼前」可以說是用來增加目標達成率的方法。這個方法很明確，可幫助你採取能達成目標的行動。簡單來說，這個概念可以分解成幾個簡單的步驟：

- 提前決定你想做什麼。
- 提前把你需要的所有東西準備好。

舉例來說，我為了參加馬拉松，每天都需要練習跑步。如果我能前一晚決定好，並且把所有運動服都擺出來，我達成這個目標的機率就會變高。

阿基米德說：「只要給我一根夠長的槓桿和一個支點，我就能舉起地球[23]。」小時候，我總是對長長的槓桿與地球的大小有所幻想，但其實這一切都取決於支點。在這句名言中，阿基米德的目標是移動地球，但他並沒有說要移多遠，也沒有說移到什麼程度。他只知道一個槓桿與位置正確的支點，就能夠讓地球移動。

支點很重要

很多人都希望能達成健身的目標，健身最大的挑戰其實不是跑步或運動本身。通常，最大的阻礙在於從現在的地點移動到戶外或健身房。如果我一旦到了戶外或踏入健身房，就有非常高的機率能把我在那邊該做的事做好。

我的大目標可能是跑半馬，只有不斷跑步才能達到這個目標。我想要不斷跑步，就必須穿好運動服、踏出家門。如果我提前決定好隔天早上要跑步，**支點就是確保我需要的東西都有準備好**。我必須把「成功放在眼前」，利用這個關鍵時刻啟發一切動能。

前一天

在你要結束一天的最後一個小時，寫下你隔天一開始的兩個小時想完成的項目。要明確，把範圍限縮在合理時間內可以完成的事。例如：

- 替新產品創立登陸頁面（landing page），三十分鐘
- 在客戶關係管理（CRM）軟體中更新最近的會議記錄，二十分鐘。

如果需要的話，也請準備好這些項目所需要的東西，就像「放在床邊的衣物」。

當天

到辦公室或者你工作的地方。檢視你的清單，開始工作，並對自己承諾接下來的兩小時，只能做你指定的項目。在兩小時結束前，不要回訊息、不要接電話（你可以借用我稍早提到的規則）、不要檢查電子郵件也不要用手機看信箱，以及不要滑臉書、推特、IG。

請在接下來兩週，每天都執行這兩個步驟。你剩下的時間要拿來做什麼，隨你

決定。我的話呢，可能會去海邊。

辨認你的決定

老實說，我們每天其實變化不大。可能睡在同一張床上，衣服放在同一個衣櫃或更衣室，在同樣的洗手台刷牙，在同樣的廚房吃早餐，開同一台車上班。這就是我們的現實人生。但不知為何，我們覺得需要發揮創造力，總是會在一些不需要的地方創造出決定。

- 你是否花時間找過鑰匙？
- 你是否煩惱過早餐應該要吃什麼？
- 你是否花時間找過襪子、鞋子、褲子，或者不確定應該穿什麼？

我也有過這些經驗。為什麼我們會這樣呢？為什麼我們要在已經具備基本結構的簡單例行公事中做出決定？我們為什麼要讓生活變得困難？

請試著花大概十五分鐘，寫下生活中所有你做過的一些不必要的決定。找找看，你能夠把哪些日常行為簡單化？

找到最簡單的途徑

這樣做有很重要的原因。不是因為我希望你在家中繞一繞、檢視你的生活，然後把它們加在你的代辦清單上。而是因為我希望你能夠訓練你的心，找到最簡單的途徑。我希望你自己看看，**是否把一些不必要的地方複雜化了**，並去聆聽你自我督促的聲音，它知道接下來應該要去做什麼。請注意，我不是說這樣做就一定能找到答案，但確實能讓你知道接下來該做什麼。

就算是簡單的路徑，你還是需要努力才能達成目標，但**當你開始辨認它的時候，你就是在清除雜物、減少決策**，這就是執行過程的一部分。

我舉一個例子：如果有客戶告訴我，他的目標是要一年營收五十萬美元，我們很快就能得到簡單的答案。我會問我最愛的問題：「那看起來會像什麼樣子？」在這個例子中，我們試著把目標分解，使用「你的一天就是你的一週、一個月、一年」

這個方法：

- 年度目標：五十萬美元。
- 每月目標：四一六六六美元。
- 每週目標：九六〇〇美元（大約）。

我們在第5章已經練習過了，在這裡我們把它講得更明確：

- 告訴我你今年要休幾週的假。
- 告訴我你有哪幾個週末預計出門度假超過一天。
- 在你的生意中，有沒有哪些時候你東西一個都賣不出去？（聖誕節、感恩節、新年？）
- 你今年實際上還剩下多少週？

對這個客戶來說，他認為他還有四十二週能積極進行銷售。這就會使數字改變。如果他把目標分到一年五十二週，會得到一週九六〇〇美元，但實際上他應該達成的目標是一週一二〇〇〇美元。

於是我們就可以找出，他需要打多少電話才能達到完成十筆交易、一二〇〇〇美元的目標。因為他的成交率約為二五％，差不多就是一週四十通電話，才能做成十筆交易，這代表他一天要打八通電話。

有這麼簡單嗎？

對，就是這麼簡單。對這個客戶來說，想要營收達到一年五十萬美元，他需要做的就是一天打八通電話，就是這樣。用這樣的技巧，法蘭柯（還記得他嗎？）就做到了他歷年最佳的成績。

真的這麼簡單嗎？

不盡然，因為還是需要努力。但我們使用明確的資訊，像是他過去的成交率與產品的定價，替他找出距離五十萬美元最簡單的一條途徑。另一方面，他也知道打電話就是在進行銷售，但是要走哪條路才能找到顧客，這可能還不夠清楚。

更多的決定

為了避免讓你覺得我們漏了什麼，這條簡單的途徑還包含了其他決定。他「只要打八通電話」，沒錯，但他應該要打給誰呢？

我們可以用相同的過程來解決這個問題。假設他必須找到八個對的人，現在的問題就是要在哪裡找。對他來說，他打電話的對象大多是現有客戶，詢問他們是否要更新或升級，所以只要找到哪些客戶的東西快到期即可。

然而，還有個祕訣能讓打電話變得更簡單。在每天結束的時候，請他先挑選隔天要打電話的八位客戶，把列有客戶姓名、電話的基本資料放在旁邊。你覺得打電話是否就變得更簡單了呢？那當然，因為他提前決定，並「把成功放在眼前」：

- 知道他需要打八通電話。
- 前一晚列出清單，上面有姓名、聯絡方式與其他資訊。
- 安排時間。
- 打電話。

當海軍長官要求人員清除甲板、準備戰鬥的時候，他們會把甲板上不需要的東西都清走。但他們並不是把所有東西都移走，槍還留在甲板上。他們**把不需要的東西清走，把當下需要的工具擺在面前**。

採取行動

我希望你可以用類似的過程來簡化你的目標。看著你的整體目標，使用如上所述的架構，將目標分解成小的每日行動，自問「那看起來會像什麼樣子？」但與其照著上面的方法依樣畫葫蘆，我希望你能夠自我督促：

- 挑一個你自己設定的目標。
- 辨認出為了達成目標你每天必須做的事。用最簡單的話來描述它們。

我追求簡單是有原因的，我也希望你能聆聽自我督促的聲音。從最終目標開始，往下延伸到能實現目標的簡單日常行動。在不同的目標上都可以試試這個方法。

清除甲板

任何使你無法做出高效日常行動的，就是一些決定與讓你分心之物。如果你想要每天喝更多水，冰箱內不是水的飲料就會讓你分心。如果你想要吃得更健康，家中任何不在你飲食計畫裡的食物，讓你需要去做決定，這會讓你分心。如果你想要更有效率，桌上或電腦中任何與當前工作無關的東西，就是一個決定，並讓你分心。

我今天在我的桌子上看到幾疊文件，雖然不是很多，但這是我應該處理的東西，不管是要把它歸檔，還是要記錄一些資訊。問題是，我每看到它們一次，就必須做一次決定。雖然這決定很小，但仍然存在。基本上，我必須假裝那不存在，決定改天再做，繼續忙著我原本決定要做的項目。雖然它們不會毀了我整個目標，但可算是我與目標之間的障礙物。

清除甲板：把成功放在眼前

你已辨認出為了達成目標所需要做到的日常行為，接下來的問題，就是你需要讓什麼出現在眼前？或是需要把什麼移開，才能完成這些行為？在每個你希望能更精進，或朝著目標努力的情況下，請辨認出是什麼阻擋著你，或你需要眼前出現什麼東西，才能協助你完成這項行動。

如果是那位需要打八通電話的業務，就要在前一晚把姓名、電話等資料都寫在清單上，打電話就會更順利。如果你希望更常運動，就要把你的運動裝備準備好。如果你希望吃得更健康，就要準備你飲食計畫中需要的食物。

記得，**清除甲板與保留必備工具一樣重要**。不管我們自認有多聰明，我們都需要這麼做。

重新找回你的決定

這就是我們取回對決定的控制權的方式。反射性的決定與反射性的行動，總是在我們身旁伺機而動。我們都有過這樣的經驗，手機明明已經沒電，但我們還是會反射性地一直拿起來看，忘了它已經沒電。我們也都有過這樣的經驗，拿起手機，想要看某個資訊，結果我們連續點開四個不同的APP，完全忘記原本要看的是什麼。

這些決定耗盡我們的精力。**我們不是有意識地行動，而是反射性做出反應。**我們要如何找回這個權力呢？就跟許多事一樣，知易行難，但我可以提供幾個建議。

提前決定

我們可以決定自己的一天要怎麼度過。我們要把剛起床的時間花在接收源源不絕的通知嗎？還是我們會用安靜的早晨開啟一天，不受他人需求干擾呢？

設定規則

你的人生由你來訂規則。不管你相信與否，你可以為服務客戶的時間設立界線，你可以設置何時回覆電子郵件的規則。這些都是你可以決定的。如果我們確實有一些「預設的反應」，為什麼不重新定義這些預設值呢？**設定你自己的規則，可避免讓你做出那些對你或你的工作沒幫助的反射性決定。**

透過提前決定來制定對你有用的規則，以下幾點可作為參考：

- 我絕不衝動購物。
- 我只吃在飲食計畫裡的食物。
- 我週間都在晚上九點五十睡覺。

你要怎麼做，才能改善工作，或改善與家人的關係呢？去找回你的決定，逐步訂出你的規則吧！

深思熟慮我們的決定和行動，對於實現我們所選擇的目標、決心或其他改變至關重要，除非你滿足於隨意度過每一天。但我們都有這個傾向，如果我們對如何使用時間、我們想要完成什麼，以及我們需要做什麼來實現目標缺乏深思熟慮的話，很容易會讓自己被別人的要求牽著走。

帶著意識與動機

這就是深思熟慮的定義。**為了達到我們想要的成功，我們必須找到能做有意識、帶有動機的決定的機會，使行動與目標能一致。**

然而，我們很多時候並沒有這樣做。在某些時候，你帶著不確定的感覺展開一天，沒計畫地看到有什麼工作就做什麼，不管是處理收到的電子郵件或來電，或者從桌子上眾多便利貼中隨意挑個事情來做。這都不是帶有意識和動機的，而是不帶心思、靠反應來行動。

深思熟慮是需要努力的。有動機的行動、有意識的決定，需要一些條件。**首先，需要準備**。不只是把你需要的東西準備好，雖然這個部分很重要沒錯，更重要的是在你行動之前，**把心理狀態準備好**。舉例來說，在你試著專心的時候，了解讓你無法專心的原因會很有幫助。一個簡單的方法，就是記錄在一天之中讓你分心的東西。

移除「當下」的決定

我們生活中的許多分心，都是因為我們不應該面對的「當下」決定所造成的，我們讓自己做出會妨礙我們目標的決定。因此，**深思熟慮的另一個步驟，就是想辦法移除那些「當下」的決定。**

- 我要吃香蕉還是冰淇淋？↓如果沒有冰淇淋的話，選香蕉就容易得多。
- 我要點開臉書還是寫部落格文章？↓如果你對於怎麼運用時間已經訂下一些規則，寫文章就容易得多。有些軟體還能防止你打開臉書。
- 我要去慢跑還是繼續工作？↓排定好慢跑的行程，把你需要的東西都準備好，你就能夠更快做出決定。
- 我今天要打十通業務電話，還是點開收件匣，看有沒有人寄什麼重要東西給我？↓把名單與電話號碼準備好、預留時間來打電話，就很有幫助。制定一條規則，也就是當你需要的時候才點開電子郵件，而不是因為你沒事可做。

準備好深思熟慮

每天都去健身房的人，似乎擁有在當下做出正確決定的巨大力量。事實上，他們並不是五分鐘之前才決定要去運動。這個去健身房的決定是前一晚就決定好了，或者一週前，甚至一個月前就決定好了。他們知道那天就是上健身房的日子，他們的衣服準備好了，要做什麼運動也都選好了。

因此，這個去健身房的舉動，就只是完成一件事先已做好的決定，在指定的時間去到指定的地點而已。如果你試著在當下做出最好的決定，這是不可能的。真正的祕訣在於，提前決定什麼對我的家庭最重要、什麼對我的工作最重要，以及我要如何運用我的時間。**當我們能準備與提前決定我們希望把注意力與精力用在哪裡時，在當下做出帶有意識與動機的行動，就不是那麼困難了。**這就是我們找到空間的方法。

使用科技的規則

人們喜歡討論好用的軟體與APP。對我來說，我覺得最有趣的莫過於幫助人們看清事實以利他們採取行動。因此，我想要分享一些使用科技的方法及其優點。談到科技的時候，我會問自己幾個問題：

- 這能幫我做更多我喜歡的事、做更少我不喜歡的事嗎？
- 我確定自己不是只為了得到這個酷東西而合理化購買理由嗎？這能幫助我專注在真正重要的事情上嗎？

科技應該要對我想要的生活方式有所幫助，而不是讓我離想要的生活方式越來越遠。

這個或那個？

既然我不喜歡做「當下」的小決定，我會盡力避免在生活中遇到這些決定。當我處於最佳狀態時，我會提前做決定，這讓我的選擇變少，我唯一的選擇就是「只做這件事，因為這是目前最重要的事了」。若我狀態沒那麼好，可能會問自己：「你想做這個，還是做那個？」即便如此，我想要的不只是這些選項，而是可以讓選擇變得更容易的建議。

試想，有個助理到你的辦公室說：「現在是九點，你希望接下來四十分鐘寫部落格文章，還是打業務電話呢？」而且他還更進一步提供你建議：如果你想要寫文章，可以從上次停止的地方繼續接著寫，這邊還有一些寫作的方向可參考；如果你想要打業務電話，這裡是客戶的清單，上面有他們的姓名、電話與基本資料。有了清楚的選項，就能夠從「這個或那個」中更輕易地做出選擇，促使你做出行動。

舉例來說，Gmail 有一個很棒的功能，簡單又好用。如果我點開郵件，就會看到三個不同的建議回覆，而且通常這些建議都是有道理的。

我們收到的很多郵件都是在等待回覆，但就算是簡單的問題，我們都容易拖著不回，因為我們知道自己必須做決定。所以，如果不想當下回應，就拖著思考一下。我們可能會將郵件標示為未讀，以便晚點再來處理。似曾相識嗎？我懂。

Gmail 建議的回覆通常是與郵件內容有關，它提供了幾個符合情境的選擇，就能把要做的決定縮小。所以，我就可以從「我應該回什麼？」變成「點這個適合的，傳送。」Gmail 的建議通常都點到關鍵，回覆很簡潔，我總是會再自己加一些內容，不過因為這些建議讓我開始回覆信件，使我在處理郵件時能夠更快、更容易。

對我來說，能預測我需求（就算這個需求很小）的科技，就是最好的科技。提供有用的建議，能讓做決定變得更快。

決策的過濾器

行動堆疊（Action Stacks）是讓決策自動化的一個好方法。讓你能將以往一連串的決定與行動，轉變為簡單的計畫，可以用來處理不需要深思熟慮的重複性事項。

我們都有拖延的傾向，使工作越積越多。原本是我們可以輕鬆駕馭的簡單事項，但因為我們拖拖拉拉而越積越多，我們得特定排出時間才處理得完。例如過去我有三個經常拖著不做的事情：

● **做筆記：**我並不是那種很會當場做筆記的人，因為這會讓我容易分心，我偏好專心在當下。也就是說，在打完電話或會議結束後的五到十分鐘，是我最佳的做筆記時間。但我有時會想要先去忙別的事，於是筆記就越積越多。

● **收拾碗盤：**我只是想要吃東西。所以我在煮完飯吃飽後，很自然就會說「晚點再整理」。能夠吃完飯但不用整理，感覺很好。我的大腦常替我找理由，告訴自己我還有別的緊急事要處理，所以碗盤就越積越多。

● **更新：**這泛指需要稍作調整的任何事物。我們的客戶關係管理系統常需要加新東西或調整。可能是過程中需要增加一個步驟，或者刪掉某個步驟。我最適合做這件事的時候，就是我剛處理完、都還清楚記得一些小細節的五到十分鐘之內。但同樣地，我只想要快點做我行程上列的下一個事項，所以待更新的東西就越積越多。

如果我拖著不做筆記，就很難記得會議裡到底發生什麼事，很有可能會遺漏重要的資訊。如果我拖著不收拾碗盤，它就馬上成為我之後必須花時間做的事。如果我拖著不更新，下次我就無法使用到我所需要的資料了。

在所有例子中，我拖著不去做的事，都會變成一項獨立的工作。所以我就把它們「加進堆疊」中。

行動堆疊

「行動堆疊」是簡單、可重複的計畫。你可以把行動堆疊想成食譜，上面寫著你要做的菜、需要的材料與步驟。

當我在規劃線上研討會時，我就有一項特定的行動堆疊，列出過程中的每個步驟，引導我完成我需要做的事，並讓我知道需花多久時間。食譜都會有兩個關鍵的時間：準備時間與烹調時間。但其實這還不夠。如果我以上面列出來的時間規劃自己的煮飯時間，我就沒時間做後續的收拾工作了。所以我們必須留有一點餘裕，我們需要過渡時間。

食譜上只列出了準備時間，但後面的收拾工作也需要時間，道理就是這麼簡單。那些後面要做的事情不能忽略，它們很重要，**需要把這些事情也列在步驟當中**。

在我的指導電話結束時，我會刻意再加上十分鐘，用來做筆記，任何會議也都是如此。當我在煮飯的時候，煮完後我不能直接去做其他事，我會安排收拾的時間。

至於那些更新工作，我將「檢查是否需要做小調整」加進堆疊中，這個步驟只會多花個一兩分鐘，但就長遠來看，可省下許多麻煩。我們最容易拖延的那些事情，其實幾乎都是一些小項目或任務的最後步驟。

開飛機

外科醫師阿圖・葛文德（Atul Gawande）在《清單革命》（*The Checklist Manifesto*）這本書中，分享了他在手術時使用的清單，就像航空業會使用的那種[24]。當然你會想說：「他們原本沒有使用清單嗎？」答案是沒有。儘管能夠證明有了清單，就能夠減少感染、減少需要額外手術及其他令人討厭的併發症（或死亡），但他仍然遇到一些阻礙，最主要是來自那些宣稱自己「知道自己在幹嘛」的外科醫師。

他書中分享的兩件事情讓我印象深刻。第一，是我們不喜歡清單。葛文德指出：「使用清單，讓人會覺得自己能力不足而尷尬。我們崇拜、仰慕的對象，是能去處理高風險與複雜情況的人，使用清單似乎是相反的概念。」

儘管有大量證據證明，在無數情況下使用清單的成效良好，還是一樣。也許我們知道要怎麼做，但有了一張清單，可以減輕認知上的負擔。清單也能避免我們在關鍵時刻出錯，而使成功機率增加。

我在工作上的許多方面都使用行動堆疊，這是個簡單、可重複的計畫，也就是我的清單。不是每一件事都需要創意發想，或是都需要運用我們的專業技術。我們都有工作要做，而清單能幫我們更有效地完成。

另一個讓我印象深刻的是，在葛文德看過的所有航空清單當中，最有趣的是一張單引擎塞斯納飛機引擎故障的清單。若要重新啟動引擎，有六個關鍵步驟。第一個步驟寫著「開飛機」。在這樣危急的情況下，就算是經驗豐富的機師都需要被提醒要開飛機。

我們經常會被工作或生活的困境給困住，我們被弄得一團亂，想要重新開始。但我們往往專注於即將發生的災難，卻忘了首先該做的，就是我們應該「開飛機」。清單能在你工作時候幫你一把嗎？你第一件事要列的是什麼？

系統是服務平台

行動堆疊改變了我的工作方式，為重複性的任務制定一個簡單計畫是非常有用的。行動堆疊帶來許多好處，我覺得最有用的是：

- **不用仰賴記憶**：系統提供了一些簡單的步驟，讓我不用一個一個去記。
- **做出更好的決定**：提前決定好每一個步驟，我就能把做決定的精力花在別的地方。

這些微小的系統，能讓我們獲得自由。但是我們有時會被系統困住，使用清單來檢視每個項目，卻忘了自己真正想要達成的目標是什麼。

系統是為人服務的

我們都有過這樣的經驗，某個服務我們的人只是照清單辦事，甚至沒有正眼看我們，或聽進我們說的話。他們沒有聆聽或互動的想法，只想把清單上的事項都確認完畢。最糟的情況常發生在醫療現場，醫生與護理人員被行政流程壓得忙不過來，已經是多年的常態。他們用的清單非但無法協助他們與患者互動，還缺乏常識。在某些例子來說，這樣的情況使得人與人之間的互動造成阻礙。

我非常喜歡我孩子的兒科醫生。那位醫生很有一套，在看診的過程中，他有一張檢視事項的清單，他如此出色的原因就是他善用那個系統。他並不是在螢幕後問問題、把回覆輸入在檔案中。他不會去預設孩子哪裡出了問題，就算一天會聽到十次相同的症狀，他也會去找出病因。他需要完成檢視清單的這個簡單、重複的步驟不會妨礙他，而是支持著他。他不會讓這個系統主導他與病人的互動，而是透過系統使他能與病人進行互動，聆聽重要訊息。

讓你的力量生生不息

你創造的系統、採用的方法或運用的軟體，應該要能為你服務，讓你能持續去做重要的事，且免於分心。

我採用行動堆疊或「把成功放在眼前」，並不是希望變得更有效率，而是把這些方法當作是服務的平台。我將它們用在經營客戶與家庭上，讓我達成事業目標與個人目標，於是我能將更多時間花在做喜歡的事、跟我愛的人在一起。我利用這些工具在讓人分心的世界中做出簡單的決定，把時間與注意力放在重要的事情上。

那看起來會像什麼樣子？

請檢視自己的一週，並記住：如果你有一件事情做超過兩遍，就需要一個系統。你有哪些地方可以自動化呢？步驟是什麼？試著建立你的行動堆疊。

重點聚焦

- 給缺乏專注力、有時間管理困擾的人的建議：提前決定想做的事、制定規則並遵守。
- 當開始尋找「最簡單的途徑」時，就是在清除雜物、減少決策。

- 深思熟慮我們的決定和行動，對實現目標至關重要，其步驟為：做好準備（包括實際的東西與心理狀態）、移除當下的決定。
- 行動堆疊是個簡單、可重複的計畫，也就是一種清單，其優點為：不用仰賴記憶、做出更好的決定。
- 如果你有一件事情做超過兩遍，就需要一個系統。

8 一個數字

在事業的經營中，有某個時間點，會增加客戶向你購買的可能性。如果你是開餐廳，那個關鍵時刻可能是在客人進門後。如果你是企業顧問或教練，可能是接到預約來電後。如果你是業務，可能是在某通電話中。

一旦這些行動都準備好，你就越可能達成你的遠大目標。關鍵就是要找出能夠促使你大幅度進步的「一個數字」（one number）（但不是業績或收入數字）。

你的「一個數字」是什麼？

請務必先明白一點，這個數字並不等同你的目標，舉例來說，它不是你的營收目標。**你的「一個數字」是一個可量化的數字，能夠推動預期目標，並增加成功的可能性。**我舉一個例子：

● 你的目標是希望每次舉辦工作坊時，都能有三十人報名參加。
● 你的「一個數字」就是一天打十通電話，讓人報名。
● 如果你還找不到三十個人，就應該打更多電話。

目標vs方法vs努力

「一個數字」的概念，分散在我們通常會一併討論的三個區塊中：

● 目標（goal）
● 方法（approach）
● 努力（effort）

例如我們的**目標**是要登山。有好幾條路線可以攻頂，有些比較困難，有些沒那麼難，還有一些走起來很輕鬆。我們選擇了一條沒那麼難的，這就是**方法**。根據已確定的方法，我們通過為期一個月的訓練來為登山做準備，這是我們的**努力**。

很多人會關心目標，但卻沒有花太多心思去選擇方法。於是就在沒什麼特定方法的情況下，做了很多努力，結果發現自己無法達成目標。真正的祕訣在於，**選擇一個方法並持續使用它**，直到你知道是否會遇到方法上的問題或努力過程中的問題。

你的「一個數字」

為了找出你的「一個數字」，你必須有一張目標與方法的清單，方法能幫你找到這個數字。

如果你的**目標**是一年營收十二萬美元，那你的**方法**就是某一種讓你每月賺進一萬美元的東西。方法並不是一萬美元，因為這只是除下來的目標數字。假設你的教練課一個月賣二五〇〇美元，那麼你需要一個月內有四個活躍的客戶，才能達成每月目標。你要花多大的**努力**才能拿到一個客戶呢？你現在做得怎麼樣呢？在解答的過程之中，你就會找到你的「一個數字」。

如果是面對面的會談，那麼X次的面對面會談就是你的「一個數字」。如果是後續追蹤，而且你知道你的後續追蹤做得不是很好，也許「七天內追蹤完」可以是你的「一個數字」。

換你來試試

你的目標是什麼？你的方法是什麼？你要付出什麼努力，才能達成目標？請將這些都寫下來：

- 目標
- 方法→寫下你的「一個數字」
- 努力

很有可能，你沒辦法馬上就正確找出你的「一個數字」。有時候我們會誤將目標中的數字當作方法中的數字。請記得：

- **目標就是終點：**營收是目標、減重或增加體重是目標、出版一本書是目標。
- **「一個數字」是抵達終點的方法：**賣出五十個課程是方法、走二英里是方法、一天寫五百字是方法。

你可能要花時間找方法，但你在初期就需要方法。**時間管理的祕訣，就是把大部分的時間花在能帶你前往目標的項目上。不只是把事情做完，而是把對的事情做完。**找出你的「一個數字」，這很重要，就算一、兩個禮拜之後如果要更改也沒關係。

一個工作

讓我們將同樣的方法用在行銷上。如果你是小型企業主，行銷就是你的責任。你也許會將這個工作外包或委託給別人，但主導權是在你手上。而且你知道你並不是全職的行銷人員，你必須服務客戶，行銷並不在你的工作描述中。因此，我們必須找到合理的平衡點，並制定一個你可以持續採取行動的簡單計畫。

問問自己：「你覺得每週花多少時間在行銷上是合理的？」唯一的錯誤答案就是零，正確答案可能因人而異。當然，你希望行銷能達成的成效與你花費的時間有關。但你不需要將所有時間都花在一件事情上，才能有所成就。「一個工作」（one job）的概念是幫你將注意力集中在應採取的最重要下一步行動上。這適用於你的網站首頁或ＩＧ貼文。

每個元素都應該有「一個工作」，這項工作必須是很簡單的，而且不應該嘗試做更多的事情。如果每件事都是以「一個工作」為中心，你就能夠建立起一個互相連結的生態系統，在每個點都能提供服務。

舉例來說，我的首頁最重要的目標，就是讓人點選預約來電的按鈕。上面可能會有許多元素，但目標都是讓人打預約電話。我的照片看起來自在又專業，旁邊附上我的姓名，並透過介紹影片讓人認識我。你可能會注意到我提到我的「工作如同渡假」課程，但你也會發現我並沒有設計醒目的按鈕。其實，我並不在乎你是否從這裡買我的課程，我只是透過它向社會證明，我已創造出我自己的東西，像是某種方法。

一個評估

「一個工作」的美妙之處，在於它縮小了你評估成功的範圍。如果想知道這個網頁的成效，我可以根據有多少人點了預約來電的按鈕來評估。現在有很多方法可用來評估網站的成效，Google Analytics 就是一個好用的工具。但我們必須說清楚，如果 Google Analytics 顯示並沒有太多用戶造訪我的網站，特別是這一頁，並不代表這個網頁無法發揮該有的價值。這只是代表，我必須做些其他努力，把流量帶到這個網頁上。

有許多不同的來源可將流量導入你的網站中，最常見的就是社群媒體與搜尋引擎優化（search engine optimization），我們就從中挑選一個。IG是個不錯的例子，因為它在網站連結上有一些限制，它主要有兩個功能：

- 個人簡介
- 貼文（限時動態也算在貼文內）

個人簡介

- 個人簡介的「一個工作」是什麼？
- 個人簡介的「一個評估」是什麼？

貼文

- 特定貼文的「一個工作」是什麼？
- 特定貼文的「一個評估」是什麼？

當然，貼文有分很多種。可能是圖片、影音、限時動態（照片或影音），還可以加入投票等各種東西。但一次只要想著一個貼文，是不是比較簡單呢？幾個重點：

- 個人簡介的工作，並不是要增加粉絲數。
- 每篇貼文的工作，也不是要增加粉絲數。

舉例來說，一則貼文可能有一個特定的工作，像是一段關於你明天要寫的電子報主題的影片。你可能想要將用戶導向個人簡介中的連結，讓他們能夠訂閱。

- 貼文導向個人簡介。
- 個人簡介中有一個導向網頁的連結。
- 那個網頁的工作，就是讓人訂閱電子報。
- 電子報歡迎信的工作，就是讓人知道會收到什麼內容。

「一個數字」（與「一個工作」、「一個評估」）的美妙之處，就在於能將事情簡單化。**它縮小了我們的關注範圍，調整我們的努力方向，讓我們更清楚知道自己在（或不在）正確的道路上。**

重點聚焦

- 「一個數字」是一個可量化的數字，能夠推動預期目標，並增加成功的可能性。
- 「一個工作」的概念有助於將注意力集中在應採取的最重要下一步行動上，並縮小評估範圍（一個工作一個評估）。
- 「一個數字」（與「一個工作」、「一個評估」）的美妙之處，在於能將事情簡單化。縮小了我們的關注範圍，調整我們的努力方向，讓我們更清楚知道自己在（或不在）正確的道路上。

結論

那看起來會像什麼樣子？

關於我在書中提到的各種方法，你可能會有不同的使用方式。我不知道對你來說「把成功放在眼前」看起來像什麼樣子，我也不知道哪些決定會讓你分心或你每天要做哪些事情，但我能確定的是，你想要變得更好。我知道你想要把注意力放在親朋好友、你的熱情與你的工作上。我知道你想要重新找回刺激與反應之間的空間，深思熟慮地安排你的時間、注意力與行動。**這要從看見什麼在阻礙著你、弄清你的目標是什麼，然後做出簡單的決定來實現它開始。**

關掉干擾

我越來越擔心接收到的資訊會影響到我的心情、形塑我的想法，因此我對於新聞與資訊的消費習慣已變得很被動。我注意到過去我有三種特定的行為與習慣：

- 開車的時候，我會馬上轉開收音機，通常是一個比較多新聞與談話的內容，而不是播音樂的電台。
- 在等待的時候，十秒鐘之內，我就會拿出手機開始滑。
- 在家工作的時候，我經常會播一個運動相關的談話性節目當背景音，好像白噪音一樣。

在每一個情境當中，我都讓自己淹沒在滔滔不絕的資訊裡。我並不是有目的的接收，只是讓聲音填補安靜或打發時間。我會將自己的行為合理化，我告訴自己，我喜歡保持接收資訊、知道現在發生的事，我甚至覺得我有責任吸收最新的資訊。我喜歡跟世界保持連結，也想知道親朋好友最近發生的事，並積極回應他們。

但這些對我並沒有幫助，不管是在工作或關係經營上，都沒有幫助。這沒有讓我在做決定或服務客戶時做得更好，也沒有讓我成為更好的爸爸和丈夫。它們創造了一個刺激與反應的迴圈，我的反應通常是感到焦慮、沮喪、壓力變大。

我也注意到，有許多對話是以「你有聽說這件事嗎？」或「你有聽到 X 今天說的嗎？」或「你相信嗎？他們……」開頭。這些我被動接收的資訊不只立刻占去了我的時間，還造成許多影響。我整天都帶著這些想法，還有因這些內容激起來的情緒。我在與人對話當中提到這些想法，表現出同情，還把消息與我的心情都散播出去。

這些其實根本都不重要，我所聽到或看到的資訊都無法成為我的指引。所以，我決定把這些都關掉。

現在我開車的時候很安靜，等待時不會拿起手機，也不會播放背景音。這讓我有些新發現。我需要的資訊會自動找上門。我還是會花幾分鐘來看看新聞，不過要按照我的規則，於是我就能掌控看新聞的時間。雖然太安靜會有些尷尬，但在長途開車的時候，有些點子會突然湧現，問題的解決辦法也會突然冒出來，我變得更有創意。

少了資訊的干擾，我離開工作時的短暫休息（通常就是離開電腦螢幕）就是真正在休息，我可以感覺到大腦放鬆。因為我沒有讓自己接觸到源源不絕的資訊所創造出的壓力，我原本的壓力就能處理得更好。我讀更多書，也寫更多文章。我跟別人相處的時候是活在當下。我可以在我的路上繼續走下去。

重新找回空間

許多人沒意識到自己正處於一個不間斷接收資訊與做出反應的循環中，如果我們認知到這一點，就不會任由它去影響到我們的心智與時間。但我們似乎已經很自然就接受了它，或許我們習慣生活就是那麼忙，所以覺得這樣沒關係。或許我們身邊的所有人都看起來很累，讓我們覺得「大家都這樣，那應該很正常」。

但我們都需要空間。**當我們安靜下來，就創造出讓點子流進來的空間。當我們能阻斷源源不絕的干擾，我們的目標就顯現得更明確。當我們的時間不被干擾所占用，我們就擁有更多時間。最好的決定，就是在這樣的空間之下所做出的決定。**

從成功中學習

我們都在人生當中經歷過成功，不管是大事或小事。利用這個經驗，可以找出

「把成功放在眼前」的方法。你可能經歷過以下的事：

- 你找到工作。
- 你買了房子。
- 你減重成功。
- 你建立了一個事業。
- 你談到一位新客戶。
- 你跑了五公里。
- 你每天寫作，持續兩星期。

在以上每個例子當中，你都能看到成功，而最重要的是那些導致成功的行動。從失敗中學習，經常讓我們灰心。我們來看看最後一個例子：每天寫作持續兩週。你原本可能希望自己持續寫作的時間比兩週更長，但沒有成功。在兩週之後就停止了，我們可能會把這件事看作是一種失敗，可能因為變忙了或生活遇到一些改變，而沒能繼續下去。但何不換一種觀點來看呢？與其去想在第十五天出了什麼問題而中斷，我相信你能從連續十四天的寫作當中學到，你是如何讓自己每天進行下去的。當你能持續進行某項行動時，你就建立了一種成功的方法，即使沒有完成到最後。

在每一項成就中，都有一連串的行動，你採取了一些步驟才能成功。那看起來像什麼？

● 你做了什麼？
● 你做了什麼準備才得以成功？
● 你還做了什麼呢？

這些問題都建立在你的掌控之下。「你做的事」與「你準備的事」，都是你決定的。沒錯，**你可以決定自己的成功**。可能你的答案會像以下這樣：

● 我每天提早半小時起床。
● 我把這件事排進行事曆中。

- 我坐在安靜的地方。
- 我把咖啡準備好。
- 我不擔心我寫出來的內容，就只是寫。
- 我每天下午會替隔天想好十個點子。
- 我總是把筆和筆記本準備好。

不管你列出什麼答案，其中都會包含一些能讓你成功的重要線索與模式。至少，這簡單的過程能讓你從已經完成的部分重新開始。甚至，這些就是你能應用在別的目標上的方法：

- 提前決定我要做什麼。
- 把它排進行事曆。
- 把我需要的東西準備好。

你是否發現這就是成功的架構？雖然這並不是一切或保證萬無一失，但你經常這麼做，這些行動就能成為你的習慣，你就能獲得更多成功。

「把成功放在眼前」以及我分享過的架構，目標就是希望幫你建構出生活中的某些部分，讓你能有餘裕去追求生命中真正重要的事。如果是做更多工作，那很好。如果是花更多時間與家人相處，那很棒。如果你想要花更多時間閱讀，我也贊成。不管你想要做什麼或獲得什麼，我希望你會發現**簡單決策的力量有多麼強大**。

系統是用來服務你的

我必須一再強調這個概念，不只是為了更大的目標，而是為了每個當下。當我「把成功放在眼前」，並不是為了某一天我能夠完成鐵人三項。**我「把成功放在眼前」，因此當我遇到複雜、分心的事物時，就能做出簡單的決定。**我這樣做，就能把注意力放在日常行動上，讓自己準備好，完成鐵人三項。

看到兩者之間的差別了嗎？**「把成功放在眼前」這個系統可以支持著你，讓你找回你的時間與注意力。**我不確定你的目標是什麼，但目標是什麼不重要，重要的是**你現在是否有在為實現目標而努力。**

系統是可帶著走的

我坐在我最喜歡的咖啡廳裡。我人不在辦公室，身處不同的環境，但我的一天跟平常沒什麼兩樣。我前一晚就排好日程表。我的筆、日程表與空白紙就放在筆電旁邊。我替三個工作項目設定好時間，我已經開始工作一小時。除了我戴著耳機來阻擋一些咖啡廳讓人分心的聲音，我的工作跟平常都一樣。這個系統是可以帶著走的。

一樣的系統，加上我額外花了幾分鐘準備好外出用的袋子，就能夠用來成就更大的目標。並不是因為我那天不在辦公室，所以特別提醒自己要維持高效率。在那一刻真正支持我的系統是我結束一天的例行公事——昨晚的我。

事先把外出袋整理好，讓我能專心地把孩子送到學校。因為有先準備好，所以我就可以好好跟他們在一起，而不用在房子裡到處找東找西。也讓我對於睡得晚的人（青少年！）還有他們忘記寫的作業比較有包容心。如果我在趕時間，或者東西還沒準備好，我要如何把注意力放在他們身上呢？我要如何在氣氛良好的情況下送他們上學？

有時候這個系統很簡單，就像我在前一晚把東西都準備好一樣。即使它很簡單，卻很重要，它服務著我們。

消防車

我的好友馬修是紐約的消防員，九一一的時候他人在現場。他現在已經退休，在緬因州過著簡單的生活。馬修是緊急救護技術員，他非常適合這份工作。他有許多獨特的特質，其中兩個讓他在工作上有很好的發揮。

第一個是他評估情況的能力，能精準決定需要什麼與做什麼行動。你可以想像這對消防員或緊急救護技術員來說是非常必備、珍貴的能力。第二個（我相信這也是他第一項能力這麼好的原因），就是他能夠建立一套系統，替自己服務。

馬修能夠把環境調整成適合他的需求，調整那些我們都習以為常的現有系統。他會買一些泡棉來調整駕駛座的椅子，讓自己坐得更舒服，但這有點扯遠了。馬修也是藝術家，我看過他坐在他的工作桌前，只要伸手就能拿到他需要的工具。每一件工具的擺設位置都是根據使用頻率、目的與效率，經過縝密思考而擺放。他為了成功而打造環境的心思讓人印象深刻。他認為，每一次坐在工作桌前，就是要忙他的藝術品。因此，這個空間就必須是為了這個目的而成立。

至於為了救火的消防車，有兩件事是我們可以肯定的：

- 車上的每一項設備都有特定的用途與擺放的位置。
- 在一天結束之後，車內要整理完畢，準備下次的出勤。

消防車、設備與諸多的程序就是系統，這就是「把成功放在眼前」的例子，但不只是為了那些你想得到的原因。消防隊的目標就是要把火撲滅，但還不只這樣，在火撲滅之前，這個系統的目的並不是要去滅火。消防車「把成功放在眼前」的方法，是支持消防員去做必要的工作，以達成滅火的目標。這是很重要的區別。

每輛車的目的與配備的工具都不一樣。有些車是送水用，有些是能升到高處。每一輛消防車就是為了大型任務所設計的系統，重點放在支持著消防員需要做的工作：控制火勢、安全把人救出、替受傷的人治療，以及滅火。

有目標固然重要，但是了解需要做什麼並建立系統來做這些事，更為關鍵。因為畢竟你必須去做這些事，如果你不去做，目標就沒有任何意義。此時，系統可幫你在當下做出最佳決定，並採取最重要的行動。

如果你想成為出書的作家，你必須每天寫作。你「把成功放在眼前」的方法，就是以每天寫作為第一目標，而不是出書。如果你想要變得更健康，你必須吃對身體好的食物。你「把成功放在眼前」的方法，就是先建立好把東西放入購物車的機制，因為在食物進到口中之前，你必須先買到對的食物。

總結，或只是開始

現在，你已經明白自己正處在一個全新的開始。當你在進行反思實踐、評估、捨棄、優化時，就能在這些基礎上**建立出自己的系統**。你也可能會走偏而遇到一些困難，也許你出於某種原因忽略了其中的一部分。我會鼓勵你重新開始，接受那些困難，就像是學習樂器的時候彈錯音。如果你忽略了某些部分，我會建議你去思考有什麼阻擋著你。過程會越來越容易、變得更自然，你會逐漸看到挑戰與機會。

這就是你的系統。我無法為你下定義，告訴你「把成功放在眼前」會是什麼樣子，這應該由你自己來塑造。

事情仍然很困難，但你建立的系統應該可以支持你堅持下去。有時候，即使我們已付出最大的努力，結果還是有可能不如意。我們開始落入舊有的窠臼，甚至可能因自己再次失敗而感到懷疑或羞愧。這可能會如滾雪球般越來越嚴重，當某一個失敗開始發生後，很快地就使所有事情脫離常軌。我完全了解這些。

讓自己回歸正軌

理想的情況下，前面介紹的架構應該能幫你專心在目標上，讓你更有效率、減少分心、找回注意力。但老實說，理想總是美好的。實際上，我們會忘記，我們會有偷懶的時候，我們可能會走偏。但是在嘗試任何值得做的事情時，多練習總是會有幫助的。

跟著計畫走

大家無法達成新年新希望的原因有很多。在新的一年之始，我們滿懷熱情，想要改變，容易衝動行事。我們對於新的一年發下宏願，許下做不到的願望。這注定會失敗。在這個「大改變」進行到第十天（或第十四天甚至第二十天）時，當新希望變得沒那麼新穎和閃閃發亮時，我們就會失去焦點。我們會偷懶一下，然後越來越嚴重，最後就放棄了。

在這個情況下，衝動行事對我們有害，我們在決定做出改變時沒有去考量到環境因素。而且，發出宏願，沒辦法讓自己變得更負責任，還會對自己不利。例如你在感恩節的時候，告訴親戚自己即將參加馬拉松。他們會發出讚嘆、為你驕傲地鼓勵你，幾乎跟你完成馬拉松會得到的反應一樣，讓你的大腦誤以為你已經完成了。

想抓住無法觸及的東西並沒有錯，但是如果你想將其握在手中，則可能需要一把梯子。那麼，怎樣才能扭轉這種失敗局面呢？

問自己問題：回到反思實踐

我們先前提過專注於亮點。你可能在一開始的時候就遇到困難，你可能經歷過一些不那麼中聽的自我對話，腦海中可能上演一連串的自我批評。但重要的是，你成功做到了十天。與其去分析你為什麼第十一天沒有完成，不如去研究這十天你是怎麼做到的。問問自己：

● 過去十天之內，有什麼是做得好的呢？
● 我在每天之前以及這一天做了什麼？
● 我做了什麼，讓我能夠持續進行這麼久呢？
● 為什麼我覺得做得效果不錯？

要列出所有做不好的理由很容易，但只要多花一些時間，你就可以了解你做得好的原因是什麼。你是怎麼順利連續做這麼多天的？這可為你建立重新回到正軌的基礎。

再次反思實踐

請試著在生活中納入反思實踐的習慣。當我輔導的客戶偏離正軌時，通常是因為他沒有給自己足夠的時間做好兩件事：

● 反思實踐。

● 計畫—清除甲板（把成功放在眼前）。

反思實踐聽起來要花很多時間。雖然有可能會花很多時間沒錯，但我們也可以將反思實踐輕鬆納入日常生活中。

留給自己一點空間和安靜

我們醒著的每分每秒，幾乎都在進行某種行動或被分心干擾。這些干擾是阻擋我們思考的雜音，雖然我們可能認為它讓人放鬆，但數據顯示卻不是這麼一回事。它讓我們不斷替外在刺激進行分類，消耗我們的腦力。我們需要安靜，才能深度思考，讓思路變得清晰。

迷你的反思實踐：回到RIRA

● **辨認**出一天之中會讓你分心的時刻，像是手機、廣播、電視（尤其是當你不需要專心看電視時）。

● 使用像是「停止！」這樣的用語，來**禁止**自己。

● 選一個你一直在思考的主題或想法，讓自己**重新聚焦**，或是可以問問自己，你認為你在X目標或Y目標上的表現如何。從哪裡開始都沒關係，重點是讓自己在安靜的地方思考一下，避免被分心干擾。
● **行動**，或者在一些情況下，不要行動。我很喜歡朋友跟我說的一句話，他說：「不要只顧著做事，站著就好。」這句話的重點是不要為了忙碌而忙碌。

也請記得，在安靜的時刻，聽聽自己成功的聲音，而不是批評自己。

幾個月之後

另一個常見的情況，就是順利進行了幾個月之後，事情開始出現變化。你會發現自己開始省略一些過程中最重要的步驟。

你已經固定照這些步驟一陣子了，你知道怎麼做，建立了一些讓自己順利進行的好方法。你也完成一些大目標中的小部分，事情進展得很順利。因為很順利，所以你開始偷吃步，不嚴格遵守自己的計畫。導致這狀況的原因有很多種，但我觀察到以下現象：如果是與財務規劃、健身或行程安排有關的目標，一旦你發現自己做得還不錯的時候，就會覺得偶爾違反計畫也沒關係。

例如你原本在執行一項嚴格的存錢買房預算計畫，當你發現進行得很順利之後，就會開始覺得可以買輛新車或衝動購物。畢竟，你做得很好，應該得到一點獎賞，你告訴自己會再回到正軌。健身或健康計畫也都是如此，我們傾向於因為眼前的成功而獎勵自己或偷懶。當我們發現自己比過去更能掌控好行程安排時，於是又開始去填滿它了，我們會答應那些不在計畫內的事項。

如果我們沒有花足夠時間與注意力去評估（透過反思實踐）與規劃（把成功放在眼前），我們就不會知道自己距離目標有多遠。我已經列出再次反思實踐的方法，在此讓我們專注於「把成功放在眼前」。「清除甲板」這個練習的重點就是減少決策。藉由清除掉分心之物，以及弄清楚你需要什麼來完成實現目標的行動，就能「把成功放在眼前」。

這需要花一點時間，但不會太多。每天晚上，在我一天結束後，我會簡單檢視一下自己完成的事，查看整天下來自己做的筆記，並將它們移到適當的地方。然後我打開我的行事曆，翻到新的一頁，寫下隔天的計畫。這大概只要花十到二十分鐘。你也不一定要照我的方法，重點是要花時間來：

- **回顧**：這也是反思實踐。
- **決定**：提前做決定，來改善你的成果。
- **準備**：把所需要的東西都準備好，可減少分心或找藉口不做。

許多人在這過程中會發現，他們跟不上自己的計畫是因為他們沒花時間做準備，於是舊習慣就會復燃，這特別容易發生在當你開始漸漸能掌控計畫的時候，你會覺得自己已經知道該怎麼做了，而這就是你容易被動搖、舊習慣死灰復燃的時候。所以請保持你一天結束時的習慣，留一點時間來為回顧。

當你偏離正軌時，首先需要注意的不是行動、項目或任務本身，而是你需要在它們之外重新設定自己。你需要不受干擾的安靜時刻，你需要每天花時間反思，才能回顧、決定與準備。

使用簡單決策的力量，重新找回你的時間與注意力吧！

重點聚焦

- 「把成功放在眼前」有助於當遇到複雜、分心的事物時，能做出簡單的決定。
- 有目標固然重要，但是了解需要做什麼並建立系統來做這些事，更為關鍵。
- 如果沒有花足夠時間與注意力去評估（透過反思實踐）與規劃（把成功放在眼前），就不會知道自己距離目標有多遠。
- 在每天結束時：回顧、決定、準備。

注釋

1 Schwab, K. (2017, July 7) 'Nest founder: "I wake up in cold sweats thinking, what did we bring to the world?"' Fast Company, www.fastcompany.com/90132364/nest-founder-i-wake-up-in-cold-sweatsthinking-what-did-we-bring-to-the-world

2 Unattributable, https://quoteinvestigator.com/2018/02/18/response/

3 CareerBuilder (2017) 'Living paycheck to paycheck is a way of life for majority of U.S. workers, according to new CareerBuilder survey,' http://press.careerbuilder.com/2017-08-24-Living-Paycheckto-Paycheck-is-a-Way-of-Life-for-Majority-of-U-S-Workers-According-to-New-CareerBuilder-Survey

4 Gladwell, M. (2011) Outliers: *The Story of Success*, New York: Back Bay Books; reprint edition

5 Attributed to Edison, T., https://quoteinvestigator.com/2012/07/31/edison-lot-results/

6 Baumeister, R.F., Bratslavsky, E., Muraven, M., and Tice, D.M. (1998) 'Ego depletion: is the active self a limited resource?' in *Journal of Personality and Social Psychology,* 74 (5), 1252–1265, Case Western Reserve University, Cleveland, OH

7 Achor, S. (2010) *The Happiness Advantage*, New York: Broadway Books

8 Vohs, K., Baumeister, R., Twenge, J. et al. (2005) 'Decision fatigue exhausts self-regulatory resources — but so does accommodating to unchosen alternatives,' https://web.archive.org/web/20111004053220/https:/www.chicagobooth.edu/research/workshops/marketing/archive/WorkshopPapers/vohs.pdf

9 Lewis, M. (2012, October) 'Obama's way,' Vanity Fair, www.vanityfair.com/news/2012/10/michael-lewis-profile-barack-obama

10 Dewey, John (1998) [1933]. *How We Think: A Restatement of the Relation of Reflective Thinking to the Educative Process,* Boston: Houghton Mifflin

11 Allen, D. (2001) *Getting Things Done: The Art of Stress-Free Productivity*, New York: Viking

12 Wilson, G. (2005) Info-mania, King's College London, www.drglennwilson.com/Infomania_experiment_for_HP.doc

13 Thaler, R.H. and Sunstein, C.R. (2009) *Nudge: Improving Decisions about Health, Wealth and Happiness,* New York: Penguin Books.

14 Florez, MaryAnn Cunningham (2001) 'Reflective teaching practice in adult ESL settings' in *ERIC Digest*, ERIC Development Team, https://files.eric.ed.gov/fulltext/ED451733.pdf

15 Heath, C. and Heath, D. (2010) *Switch: How to Change When Change Is Hard*, New York: Broadway Books.

16 Brazelton Touchpoints Center, https://www.brazeltontouchpoints.org/

17 Big Brothers Big Sisters of America, www.bbbs.org/

18 Helmreich, W. (2013) *The New York Nobody Knows: Walking 6,000 Miles in the City,* Princeton, NJ: Princeton University Press.

19 At the time of writing in 2019, he still had not won The Masters Tournament

20 Rory McIlroy cited in https://inews.co.uk/sport/golf/rorymcilroy-plotting-low-key-route-masters-redemption-527050

21 Norton, M.I. and Gino, F. (2014) 'Rituals alleviate grieving for loved ones, lovers, and lotteries,' in *Journal of Experimental Psychology,* 143 (1), 266–272, American Psychological Association

22 DeSteno, D. (2018) *Emotional Success: The Power of Gratitude, Compassion, and Pride*, New York: Eamon Dolan Books/Houghton Mifflin Harcourt

23 A common translation of a quotation attributed to Archimedes.

24 Gawande, A. (2010) *The Checklist Manifesto*, New York: Metropolitan Books

國家圖書館出版品預行編目（CIP）資料

零干擾：善用簡單決策的力量，找回時間與注意力／羅伯．哈契（Rob Hatch）著；陳冠吟譯 . -- 初版 . -- 臺北市：遠流出版事業股份有限公司，2021.12
面； 公分（實戰智慧館；505）
譯自：Attention!: the power of simple decisions in a distracted world
ISBN 978-957-32-9335-4（平裝）

1. 注意力 2. 決策管理 3. 成功法

176.32 110016684

實戰智慧館 505

零干擾

善用簡單決策的力量，找回時間與注意力

作　　者：羅伯．哈契（Rob Hatch）
譯　　者：陳冠吟
主　　編：周明怡
封面設計：楊廣榕
內頁排版：王信中

發行人：王榮文
出版發行：遠流出版事業股份有限公司
地址：104005 台北市中山北路一段 11 號 13 樓
郵撥：0189456-1
電話：（02）2571-0297 傳真：（02）2571-0197
著作權顧問：蕭雄淋律師

2021 年 12 月 1 日 初版一刷
售價新臺幣 380 元（缺頁或破損的書，請寄回更換）
ISBN 978-957-32-9335-4

遠流博識網
http://www.ylib.com E-mail:ylib@ylib.com